Ich will nicht mehr lieb sein!

PETER FERDINAND STEINBERG

Ich will nicht mehr lieb sein!

Wie die Auseinandersetzungen
mit Glaube, Erwartungen und Realität
mein Leben begleiteten

FSC
www.fsc.org
MIX
Papier aus ver-
antwortungsvollen
Quellen
Paper from
responsible sources
FSC® C105338

Bibliografische Information der Deutschen Nationalbibliothek:
Die Deutsche Nationalbibliothek verzeichnet diese Publikation
in der Deutschen Nationalbibliografie; detaillierte
bibliografische
Daten sind im Internet über http://dnb.dnb.de abrufbar.

Satz, Umschlaggestaltung, Herstellung und Verlag:
BoD – Books on Demand, Norderstedt

ISBN: 978-3-7494-4358-1

Prolog

Ich kenne viele Menschen, die sich niemals in ihrem Leben mit philosophischen Themen auseinandergesetzt haben, nie nach Sinn gefragt oder über die Existenz Gottes nachgedacht haben, sie suchten auch nicht nach Wahrheit. Es hat sie nicht interessiert, weil Alltägliches wichtiger schien, oder sie kamen nach kurzem Nachforschen zu dem Ergebnis: Das ist ein Fass ohne Boden, da verliere ich mich. Oder sie brauchten das nicht, weil sie, basierend auf übernommenen Traditionsmustern, ein sicheres, früh eingeübtes, erlerntes und fest eingeprägtes religiöses Weltbild hatten, das ihnen Wahrheiten lieferte und das sie nie anzweifelten.

Ich hingegen glaubte lange Zeit, dass meine schon früh beginnende Suche nach Sinn und Wahrheit primär mit Wissbegierde allgemein zu tun hätte; ich wollte den Dingen auf den Grund gehen, um nicht nur glauben zu müssen, sondern Wahrheit zu erfahren. Meine Wahrheitssuche war, in meiner frühen Kindheit beginnend, ein langer, beschwerlicher Weg mit dem vordergründigen Ziel, vor allem mich und meine Familie, in meiner kleinen, begrenzten Welt, richtig einordnen und verstehen zu können. Dieses Bedürfnis entstand aus Unsicherheit und Verwirrung, weil mein Umfeld, meine Familie anscheinend anders war als das der übrigen Kinder.

Mit Erkenntnis wollte ich vor allem Sicherheit gewinnen. Wie kommt man aber zu sicherheitsstiftender Erkenntnis, wenn man als Kind vorerst nur die Möglichkeit der Wahrnehmung hat und nicht die des Erkennens? Wenn die Interpretationen der Wahrnehmungen des täglichen Erlebens fast ausschließlich auf subjektive Gedanken und Emotionen angewiesen sind und auf die Erfahrungen, die Ansichten und das Verhalten der umgebenden Erwachsenen?

Dies ist ein sehr persönliches Buch. Mag sein, dass die primäre Motivation, es zu schreiben und zu veröffentlichen, eine mir eigene narzisstische ist. Es ist aber auch möglich, dass ich mit der Erzählung, wie mir das Leben zuerst nur »passiert« ist und wie es mir dann aber gelang, Einfluss auf mein Handeln zu gewinnen, andere zum Nachdenken bringt. Vor allem Mitmenschen, die Kinder erziehen wollen (oder müssen). Vielleicht helfen die Erfahrungen meiner ersten Lebenshälfte auch denen ein klein wenig, die ebenfalls nach Sinn und Erkenntnis suchen, und denen, die vielleicht fühlen oder wissen, dass sie anders leben wollen, nämlich selbstbestimmt und mit Würde.

Kapitel 1

Ich wurde nicht mitten im Zweiten Weltkrieg in einem Luftschutzbunker in Dresden, Hamburg oder einer anderen deutschen Stadt geboren. Nicht im Mittelalter zur Zeit der Pest. Ich kam auch nicht wie mein Freund Gerd 1945 auf einem holprigen Wagen auf der Flucht aus Ostpreußen in den Westen auf die Welt. Die äußeren Umstände, die zu meinem Eintreten in die Welt geführt hatten, hätten also viel schlimmer sein können. Meine Mutter gebar mich im Februar 1948 in einem Krankenhaus im zerbombten Wuppertal. Die Vorgeschichte meiner Entstehung war keine, die einem Beobachter von außen den Eindruck vermittelt hätte: Diese Verbindung wird eine Erfolgsgeschichte. Betrachtet man die beteiligten Personen und deren innere Verfassungen, kommt man eher zu der gegenteiligen Meinung.

Meine Mutter Paula lebte in einem kleinen Dorf in der Nähe von Alsfeld, in Hessen. Ihr Zuhause war ein kleiner Bauernhof, der schon seit Generationen ihren Vorfahren Heimat und Nahrung gegeben hatte. Sie wurde im März 1920 in diesem Haus geboren, und im Abstand von jeweils drei Jahren wurde ihre Familie ergänzt durch eine Schwester und einen Bruder.

Nach den Erzählungen meiner Mutter gab es in ihrer Familie kein harmonisches, glückliches Zusammenleben. Es waren bäuerliche Strukturen und hierarchische Verhältnisse, in denen sie sich befand. Der Vater war das Oberhaupt, er hatte den Hof als Ältester geerbt, und seine sechs Geschwister mussten, als sie im entsprechenden Alter waren, neue Existenzen aufbauen. Erbteilung gab es in diesem Landstrich nicht. Emanzipation der Frauen war hier und zu dieser Zeit unbekannt, und obwohl meine Mutter zu den Besten in der Schule gezählt hatte, war ihr klar, *ich darf keinen Beruf erlernen, sondern muss als Arbeitskraft auf dem Hof mitarbeiten.* Sie musste wie alle anderen gehorchen und sich dem Willen des Vaters unterordnen. Das würde so lange gehen, bis sie ab einem bestimmten Alter – wahrscheinlich um die zwanzig – einen Mann kennenlernen würde, mit dem sie dann eine eigene Familie gründen konnte.

Warum das in ihrem Fall nicht klappte, lag vermutlich hauptsächlich an zwei Gründen. Zum einen herrschte Krieg, als sie zwanzig war, und die meisten Männer in ihrem Alter wurden eingezogen, waren außer kurzen Heimaturlauben jahrelang nicht da; letztlich kam nur rund ein Viertel von ihnen überhaupt mit dem Leben davon. Dazu kamen viele von den Überlebenden erst Monate oder Jahre später aus der Kriegsgefangenschaft zurück.

Der zweite Grund war das Verhalten ihres Vaters. Als Familienoberhaupt hatte er auch ein Mitspracherecht bei der Partnerwahl meiner Mutter, und – wie sie mir später oft erzählte – es wäre ihm keiner der potenziellen Kandidaten recht gewesen. Sie war am Ende des Krieges 26 Jahre alt, die meisten der für sie infrage kommenden Männer waren gefallen, noch in Gefangenschaft oder aber vergeben, weil ihr Vater sich verhindernd eingemischt hatte. Da gab es keine große Auswahl mehr für sie – andererseits wollte sie auf keinen Fall eine sogenannte Vernunftehe eingehen mit einem »Übriggebliebenen« oder einem von anderen vermittelten »komischen Kerl«.

Nicht nur dadurch herrschte permanent schlechte Stimmung im Hause. Meine Mutter fühlte sich schon seit Jahren als ausgenutzte und lieblos behandelte Magd. Ihre Schwester war der Liebling ihrer Mutter. Sie drückte sich, wo es nur ging, vor der Arbeit auf dem Hof, war kränklich und hatte meist einen oder beide Arme mit weißen Binden umwickelt, hatte undefinierbare Schmerzen und konnte daher nicht mitarbeiten. Mein Onkel Erwin, das Nesthäkchen, war als Junge sowieso der Liebling des Vaters und anfangs noch zu jung für die bäuerlichen Arbeiten. Später in der Hitlerjugend wollte er – wie viele Jungs damals – unbedingt Soldat werden, um dabei zu sein, wenn die Welt erobert würde. Er muss sich wohl öfters beworben haben, wurde aber erst noch als zu jung und mit 1,60 Meter Körpergröße auch als zu klein befunden. Erst in den letzten Kriegstagen, als jeder gebraucht wurde, der halbwegs infrage kam, wurde er noch eingezogen. Nur ein paar Tage später ist er bei Odessa im Alter von 18 Jahren gefallen.

Jedenfalls spitzten sich in der Nachkriegszeit die täglichen Streitereien zwischen meiner Mutter und ihrem Vater immer mehr zu und gipfelten in dem Satz, den sie ihm förmlich entgegenschleuderte: »Eins sag ich dir jetzt: Den Nächstbesten, der auftaucht, den heirate ich, und verlasse euch mit ihm, dann könnt ihr sehen, wie ihr hier zurechtkommt«! Sie wollte nicht mehr als billige Magd behandelt werden; ihr Entschluss, das Elternhaus zu verlassen, stand fest.

So beschrieb sie mir später das damalige Klima in ihrer Familie. Wohl nur kurze Zeit später trat das ein, was sie ihrem Vater angekündigt hatte: der »Nächstbeste« tauchte auf, mein zukünftiger Vater Gerhard. Ihn hatten die Nachkriegswirren nach seiner russischen Gefangenschaft in die Gegend geführt. Die deutschen Städte – so auch seine Heimatstadt Wuppertal – waren mehr oder weniger zerstört, und unter Kriegsheimkehrern hatte sich die Möglichkeit herumgesprochen, vorerst bei Bauern als Knechte oder Gehilfen unterzukommen. So konnten sie überleben und abwarten, was die Zukunft bringen würde. Einer von Gerhards Kriegskameraden stammte aus diesem kleinen Ort und hatte ihm angeboten: »Du kannst erst mal zu uns auf den Hof kommen, Arbeit ist immer da.«

Jetzt verwirklichte sich der Vorsatz meiner Mutter wie von selbst, denn die beiden verliebten sich ineinander, und sie wurde schwanger. Nun stand die Entscheidung an: entweder zusammen mit meinem Vater in ihrem Heimatort bleiben oder wegziehen, weg vom Vater, dem alten Meckerer und Tyrannen! Ihr Bruder Erwin, der der männliche Erbe des Hofes gewesen wäre, war im Krieg gefallen, daher kam, als Möglichkeit für eine Familiengründung, auch der Hof ihres Vaters in Betracht. Mein Vater war gelernter Konditor, aber er hätte sich eventuell auch in die Landwirtschaft einarbeiten und zusammen mit ihr den Hof des Vaters übernehmen können.

Ich habe oft darüber nachgedacht, welche Entscheidungen damals getroffen wurden und welche Motive diese Entscheidungen beeinflussten. Ich kenne diesen Zeitabschnitt nur aus bruchstückhaften und emotional gefärbten Erzählungen meiner Mutter. Sie lassen ganz klar erkennen, dass meine Mutter nach Selbstbestimmung strebte und sich aus der Fremdbestimmung, ja Tyrannei ihres Vaters befreien wollte. Doch wird die Möglichkeit zur Selbstbestimmung eines jeden sowohl durch äußere wie durch innere Zustände beeinflusst oder geprägt – und so dachte ich viel darüber nach, welche Faktoren ihr damaliges Handeln beeinflusst haben mochten. Welches war ihre Idee von Selbstbestimmung, hatte sie überhaupt eine, oder war es eher eine Flucht, emotional und kopflos? Ist ein Mensch, der in solch einer Umgebung und Gesellschaft aufwächst, in der Lage, eine innere Vorstellung zu entwickeln, die als Konsequenz zu einer Abwendung von diesen Verhältnissen führt?

Der Satz »Den Nächstbesten, der auftaucht, den heirate ich und verlasse euch mit ihm« zeigt doch ganz deutlich, dass meine Mutter sich nur eine Form der Selbstbestimmung vorstellen konnte, nämlich die, zusammen mit einem Ehepartner ihr Leben zu ändern. Eine eigene Familie gründen sollte der Ausweg sein. Als Frau in dieser Zeit und dieser Umgebung und ohne eigenständigen Beruf hatte man nur wenig andere Möglichkeiten, Selbstbestimmtheit zu erlangen. Es gab auch in dieser Zeit Berufe oder Tätigkeiten, die eine Frau erlernen und ausüben konnte: zum Beispiel Näherin, Küchenhilfe, Krankenschwester, Kindergärtnerin. Aber sie war jetzt 26 Jahre alt, und ich vermute, die Vorstellung, irgendwo im Lande auf sich alleine gestellt, mit irgendeiner Tätigkeit ganz neu anzufangen war für sie keine Option, zumindest war dafür keine innere Motivation vorhanden. In ihrer Vorstellung heirateten Frauen irgendwann einmal und gründeten eine Familie. Meist kam auch der Nachwuchs zuerst – gewollt oder ungewollt – und initiierte damit einen Entscheidungsprozess. Also wurde die innere Willensbildung geprägt durch Erziehung und Gesellschaft; ihr kam gar nichts anderes in den Sinn, als sie ihrem Vater damals den Gehorsam aufkündigte.

Ob hauptsächlich meine Mutter die Entscheidung, von dort wegzugehen, herbeigeführt hatte, weiß ich nicht. Vermutlich wollte mein Vater, der aus städtischen Verhältnissen stammte, nicht unbedingt Bauer werden, und so kam es, dass die beiden nach Wuppertal zogen und dort zusammen mit den Eltern meines Vaters und seinem Bruder in einer kleinen, engen Wohnung lebten. In Wuppertal hatte mein Großvater Ferdinand erfahren, dass junge Männer in einer Kurzausbildung zu Verkehrspolizisten umgeschult werden konnten. Diese Chance ergriff mein Vater.

Sobald es seine Verdienstverhältnisse erlaubten, zogen meine Eltern mit mir um in eine eigene, winzige Wohnung, mit einer Wohnküche und einem Schlafzimmer, in einem Haus, in dem noch zwei andere Familien wohnten. Es gab kein Bad, nur ein Waschbecken auf dem Flur, und die Toilette war einen halben Stock tiefer im Treppenhaus gelegen.

Mein episodisches Gedächtnis beginnt ungefähr mit drei Jahren, in dieser Wohnung und in dieser Umgebung. Schon von da an kann ich mich an viele Situationen und Gegebenheiten deutlich erinnern. In meiner Erinnerung gab es zuerst normale, ruhige, harmonische und glückliche Zeiten! Jedoch fing für mich das Leben – kaum, dass ich es bewusst wahrnahm – an, unerklärlich zu werden, es erzeugte in mir Angst und Unsicherheit. Die Ehe meiner Eltern schien nicht besonders glücklich zu sein, und wenn mir auch dieses oder jenes nur wie eine ferne, blasse Erinnerung erscheint, die handfesten Streitigkeiten der beiden, ihre lauten Schreie und aggressiven Auseinandersetzungen, die oft in Schlägen endeten, waren schockierend für mich, ich habe sie auch heute noch klar vor Augen. Anscheinend waren ihre Konflikte so groß, dass sie meine Anwesenheit vergaßen. Ich saß dann oft wimmernd und weinend in einer Ecke und konnte nicht begreifen, was direkt vor meinen Augen vor sich ging, ja dass die beiden Menschen, die ich liebte, sich anschrien und aufeinander einschlugen. Ich suchte nach Erklärungen, aber es gab keine! Meine Mutter nahm mich danach in den Arm, um mich zu trösten, obwohl sie immer noch zitterte und selbst vielleicht Trost gebraucht hätte.

Mein Vater hatte ein Verhältnis mit einer, wie meine Mutter sich ausdrückte, Bardame, er trank viel und kam abends oft nicht nach Hause. Meine Mutter war eine stolze Frau und schien durch das Verhältnis meines Vaters zu einer anderen zutiefst verletzt. Es gab wohl auch Tage oder Wochen, in denen er abends zu Hause blieb und sich fest vornahm, die Liaison zu beenden. Er war fünf Jahre jünger als meine Mutter und brachte bei lautstarken Auseinandersetzungen laut schreiend hervor: »Ich war im Krieg und in Gefangenschaft, ich habe doch noch gar nicht richtig gelebt!«

Später erfuhr ich, dass er bei der SS war und wohl an schrecklichen Taten beteiligt gewesen sein musste, vielleicht auch an Erschießungen teilgenommen hatte, denn meine Mutter erzählte, dass er in den ersten Jahren ihrer Ehe nachts sehr oft Albträume hatte und laut schrie, bis er schweißnass erwachte. Dass er als SS-Mann die russische Gefangenschaft überlebt habe, sei ein Wunder. Dreimal sei er geflüchtet, wieder eingefangen und halbtot geprügelt worden. Geredet habe er über diese Kriegserlebnisse jedoch nie.

Ich erinnere mich, dass meine Mutter und ich vor einer Bar standen, in der mein Vater oft feierte, und sie zu mir sagte: »Dein Papa ist da drin, geh doch mal rein und hol ihn!« Ich war noch keine vier Jahre alt und traute mich nicht so richtig, aber sie hatte schon die Tür geöffnet und schob mich hinein. Als ich geradeaus in die Bar stolperte, sah ich ihn gleich am Tresen mit einer anderen Frau sitzen. Welche Worte ich herausbrachte, weiß ich nicht mehr, mein Vater nahm mich auf den Schoß und kaufte mir eine kleine Tafel Schokolade. Er sagte kein einziges Wort, zahlte, und wir gingen nach draußen. Die beiden haben, bis wir zu Hause ankamen, auch kein Wort mehr gesprochen, sie putzten nur dauernd ihre Nasen.

Alle Versöhnungen hielten nur kurzfristig, ihre guten Vorsätze scheiterten, ihre Streitigkeiten eskalierten immer mehr und gipfelten in einem schlimmen Erlebnis, dass die beiden vor mir verheimlichen wollten. Nach wüsten Streitereien, die ich nur vom Flur aus hörte – sie hatten mich rausgeschickt –, standen beide im Schlafzimmer aneinandergelehnt, in Tränen aufgelöst, und als ich um die Ecke aus der Küche hereinkam, hörte ich die Worte meines Vaters: »Komm, lass uns nach unten gehen und die Sache beenden!« Auf der mir abgewandten Seite der beiden sah ich seine Pistole, die er nach unten hielt. Meine Mutter bettelte und flehte um unser Leben: »Bitte, bitte, Gerd, er ist doch noch so klein, er kann doch nichts dafür, bitte tu das nicht!«

Er tat es nicht, aber ich schätze, dass dieses Erlebnis für meine Mutter der letzte Anlass war, ihren Mann zu verlassen. Ihr blieb nichts anderes übrig, als wieder zurückzuziehen in das kleine Dorf, in ihr Elternhaus, zu ihrem Vater, dem alten Bestimmer. Diesen Entschluss hat sie später oft bereut, da sie aber ohne Beruf nicht selbstständig leben konnte und ein kleines Kind zu versorgen hatte, musste sie diesen fatalen Schritt tun. »Hätte ich gewusst, was alles auf uns zukommt, wäre ich bei ihm geblieben, hätte erst mal alles ausgehalten und darauf gehofft, dass er sich ändert, dass sich alles normalisiert.« Diesen Satz hat sie später oft geäußert.

Ich liebte meinen Vater sehr, aber ich hatte auch Angst vor ihm, denn manchmal machte er sich einen Spaß daraus und erschreckte mich und meinen Freund Hans-Peter, indem er mit einer Gasmaske auf dem Kopf ins Zimmer kam. Wenn er die Luft ausstieß, entwich sie durch einen labberigen Gummispalt an der Nase mit einem furchtbaren Geräusch. Wir waren vor

Angst so panisch, dass wir laut schreiend unter das Sofa krochen. Wenn ich etwas vermeintlich Schlimmes angestellt hatte, musste ich mich auf einen Küchenstuhl stellen, die Hose wurde runtergezogen, und er verpasste mir zwei bis drei Schläge auf den nackten Hintern. Das war zwar schlimm, aber furchtbarer war, dass er mich manchmal in den dunklen, fensterlosen Speicher sperrte und die Türe von außen abschloss.

Ich kann mich nur an ein Ereignis erinnern, was in die Kategorie »Schlimmes angestellt« passen könnte. Ich hatte Hans-Peter dazu überredet, mit mir zusammen auf meinem Tretroller zu meiner Oma zu fahren, die ungefähr drei bis vier Kilometer entfernt in der alten Wohnung in der Bandwirkerstraße wohnte. Ich war mit meinen Eltern am Tag zuvor bei den Großeltern gewesen und hatte mitbekommen, dass Oma am nächsten Tag Kartoffelpuffer mit Apfelmus backen wollte. Das war ein Leibgericht von Hans-Peter und mir. Ich kannte die Strecke durch Wuppertal-Ronsdorf trotz meiner erst drei bis vier Jahre auswendig, nur die Ampelkreuzungen waren ein bisschen schwierig zu meistern. Als wir bei Oma ankamen und sie erfuhr, dass wir losgefahren waren, ohne den Eltern was zu sagen, war sie furchtbar erschrocken und sagte: »Macht euch gleich wieder ab nach Hause! Kartoffelpuffer habe ich sowieso keine mehr! Eure Mütter werden schon nach euch suchen!«

Tatsächlich, unsere Mütter waren vor Sorge völlig aufgelöst und glaubten uns erst nicht, wo wir gewesen waren. Hans-Peter bekam drei Tage Stubenarrest, ich musste sofort ins Bett, und Mutter wollte sich abends, wenn mein Vater kam, mit ihm beraten, wie meine Strafe ausfallen sollte. Ich bekam diesmal keine Schläge, sondern ebenfalls Stubenarrest. Das war für uns Kinder auch eine harte Strafe, spielten wir doch fast immer nur draußen.

Kapitel 2

Dass sie wieder kleinlaut und gescheitert ins Elternhaus zurückkehren musste, empfand meine Mutter als
schlimme Demütigung, und in den folgenden Jahren
gestaltete sich unser gemeinsames Leben meist als
bedrückende, nicht enden wollende Odyssee. Mein
Vater hatte uns mit seinem Motorrad – mit Beiwagen – zu den Großeltern in das kleine Dorf gefahren.
Es sollte wohl vorerst einmal nur eine räumliche Trennung werden, während deren sie beide herausfinden
wollten, ob sie nach einer gewissen Zeit wieder zu-
sammenfinden könnten. Meine Mutter musste jedoch
gefühlt haben, dass es ein Abschied für immer würde.
Als mein Vater abfuhr, nahm er uns auf Bitten meiner
Mutter, die sich wohl nicht trennen konnte, in seinem
Beiwagen mit bis an den Rand des nächsten Dorfes.
Alle weinten beim Abschied, und ich erinnere mich
noch sehr genau, dass Mutter und ich noch den ganzen Weg nach Hause weiterweinten und uns nicht beruhigen konnten. Mutter hatte diesen Trennungsschritt
herbeigeführt, aber mein Vater hatte sie schon vorher
verlassen durch seinen Betrug, das betonte sie immer
wieder.

In meiner Wahrnehmung hatte er mich verlassen,
obwohl ich ihn so sehr liebte und so stark an ihm
hing. Das konnte ich nicht begreifen. Hatte ich mich
denn so sehr getäuscht und war doch nicht sein geliebter kleiner Sohn? War ich ihm nichts wert? Wenn
er in Wuppertal vom Dienst nach Hause kam, war ich

ihm oft schon ein weites Stück auf der Straße freudig entgegengelaufen, um dann stolz auf dem Tank seines Motorrades vor ihm sitzend gemeinsam mit ihm heimzufahren. Wenn er auf dem Sofa lag, bürstete ich ihm manchmal liebevoll die Haare und ging dabei mit meiner Nase ganz nah heran, weil sie so gut rochen, oder wir spielten zusammen mit meinen kleinen Spielsachen auf dem Küchenboden. Jetzt verließ er mich einfach kalt und rücksichtslos und kam nicht mehr zurück, er schrieb auch nicht und besuchte mich nicht, niemals mehr!

Mutters Elternhaus und jetzt auch unser gemeinsames Zuhause war ein kleiner Bauernhof, ein Fachwerkhaus, das seitlich zusammenhängend in Ställe und Scheune überging. Hinter der Haustür ging man geradeaus in eine Waschküche, nach links in den Keller und nach rechts in den Kuhstall. Die Türen waren nicht immer geschlossen, und so roch es im ganzen Haus meist penetrant nach Kühen, nach Kuhscheiße oder irgendetwas Säuerlichem. Das Treppenhaus hoch und geradeaus lag die Küche, vom Flur aus nach links ging es in die »gute Stube«, dahinter lag das Schlafzimmer der Großeltern, und von dem aus nach rechts kam man wieder in die Küche. Alles war duster, in Wohn- und Schlafzimmer waren die Wände halb hoch mit dunklem Holz getäfelt. Ein Stockwerk höher lagen noch drei Zimmer. In dem größeren hatte Mutter ihr Ehebett und den Kleiderschrank aufstellen lassen. Ich schlief links, sie rechts unter dicken Federdecken, und unter dem Bett stand der geblümte Porzellan-Nachttopf, denn es gab in dem Haus keine Toilette und kein

Bad, nur einen großen Porzellan-Spülstein unten in der Küche. Das Plumpsklo lag außen, neben dem Kuhstall.

Im ersten Stock, von der Küche aus nach hinten verband ein Holzsteg mit Geländern das vordere Haus mit dem sogenannten alten Haus. Dort wohnte niemand, es war ein gänzlich aus unverputztem Holzfachwerk bestehendes, mit Gerümpel vollgestopftes, separates Gebäude aus dem vorigen Jahrhundert und wohl das eigentliche Ursprungshaus meiner mütterlichen Familie. Hier gab es zur Trocknung ausgelegte Bohnen, Kräuter, Lindenblüten für Tee, dazu Säcke, Töpfe, alte Schränke, altes Pferdegeschirr. Für mich war das alles unheimlich, und ich mied das dunkle Gebäude ohne elektrisches Licht. Im Untergeschoss hatte mein Großvater einen großen Raum zur Verfügung, in dem er Reiserbesen und Weidenkörbe herstellte, vor allem im Winter oder wenn draußen witterungsbedingt nicht gearbeitet werden konnte. Darin hatte er großes Geschick, und es lagen immer Aufträge der anderen Bauern für Körbe und Besen vor. Von Weidenbäumen, an einem Bach gelegen, hatte er viele schnurgerade Äste abgeschnitten, sie gebündelt und im Wasser des Baches seitlich an Büschen festgebunden deponiert. Durch die Wasserlagerung über einige Tage wurden sie biegsamer und vielleicht auch haltbarer. Manchmal sah ich ihm zu, und er ließ mich auch ein wenig helfen, aber ich war noch zu klein und machte ihm eher etwas kaputt, zerschnitt ihm einige von seinen Weidenästen oder verschandelte ihm die Besenstöcke beim Zuspitzen mit einem Spezialmesser, sodass er mich schließlich verärgert wegjagte.

Die kleine Volksschule war in zwei verschiedenen Gebäuden untergebracht. Dazwischen lagen die Kirche und der Schulhof. In dem einen Gebäude wurden die ersten vier Klassen in einem einzigen großen Raum unterrichtet, in dem anderen die Klassen fünf bis acht. Ich war der Stolz der Lehrerin, Frau Rehn, und schrieb nur Zweien. Einsen gab es bei ihr grundsätzlich nicht, für Einsen war sie zu streng, für sehr gut hielt sie wohl niemanden. Sie war eine attraktive Frau, die in meiner Erinnerung meistens gepflegte, geblümte Kleider trug, und wenn sie sich über mich beugte, um auf meine Schiefertafel zu blicken, auf der ich schreiben und rechnen lernte, konnte ich ihren dezenten Parfümgeruch wahrnehmen. Diesen Geruch gab es im ganzen Dorf nicht ein zweites Mal, ich hätte sie aus einer großen Menschenmenge herausriechen können! Sie wohnte im Schulhaus oberhalb des Unterrichtsraumes im ersten Stock, und sie war etwas Besonderes für uns Kinder, war sie doch immer fein angezogen, sprach gebildet, und ich fand sie trotz ihrer Strenge sympathisch.

Ich war ein unruhiges und für die Erwachsenen, die Gehorsam und Gefügigkeit einforderten, problematisches Kind, denn ich setzte ständig irgendein Vorhaben in die Tat um, baute Bunker oder Baumhäuschen, kletterte auf hohe Bäume, um neugierig in Vogelnester zu schauen, oder errichtete am Bach einen kleinen Staudamm. Alles wurde uns meist aus den unterschiedlichsten Gründen verboten, es könnte was passieren, Werkzeug könnte verloren gehen, Nägel würden sinnlos verbraucht, oder die Gegend würde verschandelt.

Oft hatten andere aus dem Dorf meine Mutter herbeigerufen, wenn ich wieder einmal ganz oben, in bis zu zehn Meter Höhe in einem Baum saß und ein Nest inspizierte oder mich einfach nur umguckte. Ich konnte das schon mit fünf Jahren und hatte nie Angst dabei. Wenn unten die ersten Äste zu hoch für mich waren, schlug ich oft lange Nägel als Stufen in den Stamm und hangelte mich daran zu ihnen hinauf. Das traute sich im ganzen Dorf sonst niemand, weder ein Kind noch die Erwachsenen, daher hatte ich ein stolzes Gefühl in mir, das zu können. Schon in Wuppertal war ich auf die Apfelbäume von Bauer Zimmermann geklettert, dessen Hof gegenüber unserem Haus lag, und er war es auch, der mir mal sagte: »Wenn du kletterst, achte immer darauf, festen Tritt zu haben und immer eine Hand fest am Ast!« Das habe ich beherzigt und bin nie heruntergefallen.

Den besten Ausblick hatte man von den hohen Bäumen, die in dem Stück vor dem Friedhof den Weg säumten. Hoch oben, wo die Äste einer großen Birke schon ziemlich dünn wurden und beim Erklettern hin- und herschwankten, war man fast auf gleicher Höhe mit dem entfernten Kirchturm. Meine Mutter wurde manchmal von Dorfbewohnern auf meine Kletterei hingewiesen. Sie hatte natürlich eine Riesenangst um mich und beschwor mich regelrecht: »Du kommst jetzt sofort da runter!« In ihrer Stimme war Ärger, man konnte aber auch eine Spur Angst heraushören. Ich kam erst nach längerer Verhandlung herunter, wenn sie mir vor allem versprach, mich nicht zu verhauen.

Nur an ganz wenige Spielsachen kann ich mich erinnern, wie den kleinen Zoo aus elfenbeinfarbenen Plastiktieren, die als Beigabe in Haferflockenpackungen lagen, oder mein altes Feuerwehrauto mit ausfahrbarer Leiter, das ich in Wuppertal vor Jahren von meinem Opa Ferdinand geschenkt bekommen hatte. Wir Kinder hatten alle keine eigenen Zimmer, kaum Spielzeug, kein einziges Buch. Wir empfanden das aber nicht als Mangel, weil es bei allen so war. Wir spielten meistens draußen, das war interessanter.

Wenn ich nach Meinung der Erwachsenen wieder etwas angestellt hatte, trugen sie das der Lehrerin Frau Rehn zu. Von ihr wurde ich getadelt und zur Rede gestellt, oft auch vor der gesamten Klasse geohrfeigt, denn sie war in dem kleinen Ort eine anerkannte Respektsperson, die stellvertretend für die Eltern der Kinder Strafen für vermeintliche Missetaten aussprach oder selbst durchführte. Da waren auch Ohrfeigen völlig normal. Meine Freunde Werner und Norbert, die ich meistens überredete mitzumachen, kamen meistens glimpflicher davon, war doch klar, dass ich als Rädelsführer die schärfste Strafe verdiente. Werner, der zu Hause nie geschlagen wurde, hatte nach einer Ohrfeige völlig empört beide Hände der Lehrerin genommen und sie nicht mehr losgelassen. Er hatte enorme Kräfte entwickelt und schrie sie in seiner seltsamen Sprache an: »Das sag i meim Bappe, das machst nimmer, du ...!« Das hatte sie nicht erwartet, sie schlug ihn nicht mehr, gab ihm aber noch eine schriftliche, zusätzliche Hausaufgabe auf, wegen Frechheit!

Aber ich war auch der Stolz der Lehrerin, wenn der Schulrat kam. Ich trug fehlerfrei Gedichte vor oder beantwortete seine Fragen. Dann sagte sie vor allen: »Das hast du gut gemacht!« Aus dem Mund dieser strengen Frau war das ein großes Lob, und es freute mich sehr, ich ging dann nicht, sondern hüpfte regelrecht nach Hause, ja fast flog ich.

Mein Großvater, der noch im 19. Jahrhundert geboren wurde, meinte den fehlenden Vater durch besondere Strenge ersetzen zu müssen und schlug mich bei jeder Gelegenheit. Das waren oft nicht nur Ohrfeigen, sondern regelrechte Prügelstrafen, ich wurde übers Knie gelegt und bekam mit Stöcken ausgeführte, nicht enden wollende, harte Schläge. Ich schrie dann, dass man es oft bis weit in die Nachbarschaft hören konnte, und wenn ich dann später bei den Nachbarn vorbeikam, sagten sie oft hämisch: »Da ist ja der: Ich will wieder lieb sein!«

Diese Strafe empfand ich als zutiefst demütigend und war hinterher gekränkt und verstockt. Während der Schläge überlegte ich oft krampfhaft, wie ich mich verhalten könnte, damit er eher aufhörte. Es gab aber keine erfolgversprechende Taktik – mir blieb nur übrig, so laut wie möglich zu schreien, damit es möglichst viele Nachbarn hören konnten und er sich vielleicht schämte. Manchmal nahm er mich mit ins Feld, um irgendwas zu erledigen. Als wir mal an einem Haselbuschstrauch vorbeikamen, sagte er: »Guck mal, der ist genau der richtige für dich!« Einen besonders gerade gewachsenen Ast mit der richtigen Länge schnitt er dann ab und zog einen Hieb mit einem kurzen *pffftt* ... durch die Luft, wobei er grinste und mir zu verstehen gab, dass der auf meinem Hintern ordentliche Wirkung zeigen würde. Zu Hause wurden dann mit einem Messer in der Rinde kunstvolle Maserungen in den Stock geschnitzt. Von dieser Sorte gab es bei uns mehrere, in allen Größen und Stärken, und so schön sie auch verziert waren, weh taten sie alle sehr.

Ich habe diesen Mann niemals richtig lachen sehen, er verzog vielleicht mal grinsend die Mundwinkel, hauptsächlich nach unten und machte ein »Phh …« oder ein ähnliches Geräusch, meistens nachdem er selbst irgendwas Ironisches oder Sarkastisches losgelassen hatte. Er machte fast immer einen verbitterten Eindruck, schien ohne jegliche Lebensfreude, vielleicht, dachte ich, auch weil sein Sohn im Krieg umgekommen war. Aber möglicherweise war er auch von Natur aus ein humorloser Geselle. Er ging leicht nach vorn und links gebeugt, hatte kurze graue Haare und einen Oberlippenbart. Er hatte immer im Wechsel olivgrüne Arbeitskleidung an oder eine schwarze Hose mit Hosenträgern und eine schwarze, dünne Arbeitsjacke. Die Hemden waren hellblau gemustert mit einem dünnen, schmalen Rundkragen. Und ein riesenhaftes Taschentuch war immer dabei! Auf dem Kopf trug er abwechselnd eine grüne oder eine schwarzgraue Schildkappe.

Wenn ich ihm oder jemand anderem aus der Familie zuhörte, hatte ich wohl öfters den Mund offen stehen – wahrscheinlich war meine Nase verstopft, und ich bekam anders nicht genügend Luft Dann äffte er mich nach, indem er ebenfalls den Mund aufriss und mich demonstrativ anglotzte. Vielleicht konnte er mich wirklich nicht leiden, dachte ich dann, ich war ja das

Produkt meiner ungehorsamen Mutter mit einem Städter — ich weiß nicht, was in seinem Kopf vor sich ging.

Mit der Zeit hasste ich diesen Mann, und einmal schrieb ich mit Kreide, die ich in der Schule geklaut hatte, an die Holztäfelung des Schlafzimmers meiner Großeltern: »Herz ohne Gnade!« Diese Worte waren mir nicht selber eingefallen, ich hatte sie irgendwo im Kirchenblättchen gelesen, das nach dem Sonntagsgottesdienst in den Bänken liegen geblieben war, oder im Sonntagsblatt. Der Zusammenhang war ein anderer, aber ich fand den Spruch für meinen Großvater genau passend. Als Oma dies entdeckte, lief sie direkt zu ihm hin, um ihm das zu zeigen. Sonst hielt sie oft zu mir, aber das schien sie schockiert zu haben. Er schrie laut meinen Namen und war völlig außer sich. Ich lief durch das halbe Dorf vor ihm davon, um mich vor dem vor Wut schäumenden Mann zu verstecken. Mit einer solch heftigen Reaktion hatte ich wirklich nicht gerechnet. Aber er war ein gläubiger, gottesfürchtiger Mann, der sich anscheinend durch diesen Satz zutiefst beschuldigt fühlte, wollte er mich doch durch seine Strenge nur auf den rechten Pfad des Lebens führen. Ich wartete dann stundenlang abseits des Hofes, bis meine Mutter abends von der Feldarbeit nach Hause kam, die sie bei anderen Bauern ableistete, um sich ein paar Mark zu verdienen, und ich dann in ihrem Schutz am Opa vorbei ins Haus konnte.

Kapitel 3

In dieser Zeit kam es sehr häufig vor, dass die Erwachsenen – vor allem meine Oma Marie – vom vergangenen Krieg erzählten und von dem großen Leid, das er über die Menschen gebracht hatte. Mein Onkel Erwin war, wie bereits erwähnt, mit 18 Jahren 1945 noch eingezogen worden, und kaum war er an der Front, wurde er totgeschossen. Oma weinte auch nach Jahren noch jede Woche um ihn, und manchmal schilderte sie die tränenreiche Abschiedsszene auf dem Bahnhof in Siegen, bei der Erwin seinen Tod vorausgeahnt und gesagt hatte: »Ich komme nicht mehr wieder!«

Gegenüber von uns lag der Bauernhof von Reimanns, und die hatte es ganz furchtbar getroffen. Alle drei Söhne waren im Krieg gefallen. Mutter schilderte manchmal, wie es war, wenn die Todesnachrichten überbracht wurden. Zuerst wurde der Bürgermeister telefonisch benachrichtigt, der Überbringer war dann der Ortsdiener. Wenn er zu einer bestimmten Zeit durchs Dorf gegangen wäre, hätten alle, die einen oder sogar mehrere Söhne »abgestellt« hatten, hinter den Gardinen gestanden und gebetet, dass er ja nicht den Weg zu ihnen einschlägt. Als er Reimanns Hans die dritte Todesnachricht überbrachte, sei der umgefallen und habe, sich am Boden wälzend, furchtbar geschrien. Er war wohl in diesem Augenblick regelrecht verrückt geworden.

Uns Kindern war er unheimlich, denn er war nicht ansprechbar und brabbelte immer vor sich hin. Er kam auf einen zu, und man hatte den Eindruck, er erkenne einen, aber kurz vor dem möglichen Zusammenstoß merkte man, dass er wie durch einen hindurchsah, und man musste wegspringen, um nicht umgerannt zu werden. Manchmal tobte er auch laut schimpfend und schreiend durch seine Scheune, aber man verstand die Worte nicht, man wusste nicht, wen er beschimpfte. Aus welchem Grund hatte Gott ihm alle drei Söhne genommen, fragte ich mich, wenn ich darüber nachdachte. Schon damals wollte ich unbedingt einen Grund erfahren, denn es geschieht ja nichts grundlos, lehrte man uns in der Schule und im Kindergottesdienst. Was hatte Hans verbrochen, um so hart bestraft zu werden? Konnte er ein so schlimmes Verbrechen begangen haben? Ich fand es grausam und unmenschlich, das hatte mit einem »lieben« Gott doch nun wirklich nichts zu tun! Außerdem hätte Gott ihn doch selbst direkt bestrafen können und nicht seine Söhne.

Werner, Norbert und ich versteckten uns manchmal auf Reimanns Hof, um ihn zu beobachten oder zu lauschen, was er wieder von sich gab. Außer Wortfetzen war nichts zu verstehen, weder Gott noch irgendetwas anderes. Norbert meinte einmal, dass er vielleicht in einer fremden Sprache sprechen würde, Französisch oder so. Wir waren zwar neugierig, aber es schauderte uns auch, wie ein Mensch so werden konnte und so leiden musste.

Aber auch wenn ich dann traurig wurde über Hans und meinen gefallenen Onkel Erwin –überhaupt von diesen wiederholten Kriegsschilderungen –, das große Leid und den Schmerz meiner Großeltern und der anderen Familien konnte ich im Inneren kaum nachempfinden. Ich war mir selbst wichtiger; mein Verdruss und mein persönlicher innerer Schmerz, den die Strafen und demütigenden Schläge mir zufügten, lagen nicht in einer dunklen und schlimmen, nicht richtig vorstellbaren Vergangenheit, sie trafen mich jetzt, in meiner echten Wirklichkeit und verletzten mich. Und das Schlimmste war: Ich vermisste meinen Vater so sehr!

Andere Kinder – nicht Werner oder Norbert – fragten manchmal, wo denn mein Papa sei, mir blieb dann nur übrig zu sagen, dass meine Eltern geschieden seien. Manchmal bekam ich mit, dass bei ihren Fragen eine gewisse Schadenfreude oder Häme mitklang, vielleicht waren sie auch zu Hause angestiftet worden, mich zu fragen. In der Zeit gab es im ganzen Dorf sonst keine geschiedene Ehe und kein Scheidungskind. Mich nervte und ärgerte diese Fragerei zunehmend, sie deprimierte mich auch, und es dauerte nicht mehr lange, bis ich anfing, aggressiv zu werden und den scheinheilig Fragenden eins auf die Nase zu hauen. Die liefen dann heulend nach Hause, und ich bekam oft noch Ärger mit den Eltern.

Ich wurde zunehmend unglücklich, lag oft abends leise weinend in meinem Bett und wünschte mir so sehr, einfach nur so zu sein wie alle anderen, kein Scheidungskind ohne Papa und auch kein Kind, dem so oft vermittelt wurde, dass es besser zu gehorchen habe. Das Bett wurde zu meinem Rückzugsort, hier konnte ich nachdenken und auch weinen, ohne dass es jemand sah. Wenn ich nicht einschlafen konnte, und Mutter kam auch ins Bett, spielten wir unser Spiel »Ich kenne alle Leute«. Ich durfte anfangen und alle Häuser des Ortes mit allen darin lebenden Personen laut aufzählen. Das lernte ich schnell fehlerlos, und wir ergänzten das Spiel noch, um ein paar Eigenheiten von manchen Leuten wiederzugeben, wie: Wer hinkt mit dem rechten Bein? Wer hat immer einen Zigarrenstummel in der Mundecke? Wer hat immer eine seltsam verknautschte Mütze auf? Das war ein lustiges Spiel, und wir lachten uns manchmal schief. Das führte auch dazu, dass ich, wenn ich im Dorf unterwegs war, die Leute, die ich traf, besonders genau beobachtete, ob eine Eigenheit erkennbar war, die ich neu in unser Spiel einbringen konnte. Manchmal übten wir auch Kopfrechnen, oder ich lernte aus dem Heimatkundebuch aus der Schule ein Kapitel auswendig.

Aber meist lag ich abends alleine im Bett und träumte meine Träume. Es wäre schön, eine Familie zu haben wie mein Klassenkamerad Werner, der zwar in der Schule bei den einfachsten Aufgaben nicht mitkam, der aber noch nie eine Ohrfeige, geschweige denn richtige Schläge bekommen hatte. Seine Familie waren Flüchtlinge aus dem Sudetenland, die beim Nachbarbauern zwangseingewiesen waren und zu fünft in zwei kleinen Zimmern im ersten Stock lebten. Werner und sein Bruder Hans schliefen in dem größeren Zimmer zusammen mit den Eltern in einem Doppelbett. Dieses Zimmer war auch gleichzeitig Küche und Wohnraum. In einer kleinen Nebenstube schlief Werners ältere Schwester Anneliese.

Wenn Werner zwischendurch mal Hunger hatte, war immer etwas Leckeres da, sei es köstlich süßer Grießbrei mit Butter oder eingemachtem Obst, sei es eine dick bestrichene Butterstulle mit Zucker. Seine Mutter hatte immer ein freundliches Lächeln auf den Lippen, sie hatte eine seltsame Stimme, und es hörte sich an wie samtiger Singsang, wenn sie sprach. Sie war ziemlich dick und schielte etwas. Geschrien wurde in Werners Familie nie. Er bekam den ersten Mohrenkopf, hatte die erste Luisa-Zitronenlimonade, er hatte immer zehn oder zwanzig Pfennige dabei und konnte sich im Kolonialwarenladen des Ortes süße, dicke Himbeerbonbons kaufen, er war einfach ein glückliches Kind und wurde offensichtlich sehr geliebt, so wie er war.

Es gab natürlich auch liebe und schöne Momente bei uns zu Hause, vor allen Dingen dann, wenn ich wieder eine Zwei bei einer Klassenarbeit geschrieben hatte. Meine Mutter war dann mächtig stolz auf mich. Sie küsste mich und nahm mich zärtlich in den Arm. Oder wenn andere Kinder aus der Klasse nachmittags kamen, weil sie bestimmte Hausaufgaben nicht konnten und ich ihnen dann zeigte, wie man das macht. Dann wurde ich gelobt, und so glaubte ich mehr und mehr, dass ich nur genügend gute Leistungen in der Schule erbringen müsste, um in meinem Leben noch alles zum Besten zu wenden. Oft dachte ich, ich müsse mich wohl noch mehr anstrengen und ganz allgemein viel lieber sein, das forderten doch alle: Lieb sollte ich vor allem sein und gehorsam. Aber war ich denn böse? Ich war mir meist gar keiner Schuld bewusst!

Wenn ich in den Tag träumte oder vor dem Einschlafen im Bett lag, stellte ich mir oft eine schöne Zukunft vor, in der ich selbst eine Familie hätte, vielleicht zusammen mit Ingeborg, meiner Klassenkameradin aus der Nachbarschaft, die mich oft vor der Schule abholte und mit der ich dann Händchen haltend zum Unterricht ging. Sie hatte ein süßes Puppengesicht mit Grübchen in den Wangen, und ihr Haar war meist seitlich hinten zu zwei Zöpfchen geflochten.

Allerdings war es schwierig, sich eine schönere Zukunft vorzustellen, hatte ich doch keine Vergleichsmöglichkeiten, und ich war ja auch nicht deshalb unglücklich, weil wir nicht reich waren! Keiner der Verwandten und Nachbarn war es. Materielles kam bei diesen Zukunftsträumen gar nicht vor, dafür harmonische Familienverhältnisse ohne Streit, mit viel Wärme und Liebe ohne Bedingungen. Fast so wie bei meinem Freund Werner. Bei ihm gab es keine Bedingungen für Liebe und Zuwendungen, er blieb in der Schule sitzen, und trotzdem liebten seine Eltern und Geschwister ihn.

Allmählich spitzte sich das Verhältnis zwischen Opa und mir immer mehr zu. Je älter ich wurde – jetzt war ich fast neun – desto aufsässiger und ungehorsamer wurde ich. Vor allem konnte ich es allmählich nicht mehr ertragen, geschlagen zu werden, auch wenn ich Strafe vermeintlich verdient hatte. *Ich hasse dich, und wenn ich nur stark und groß genug bin, kriegst du sie von mir, du alter Knochen,* dachte ich ein ums andere Mal. Auf ihn konzentrierte sich mein innerer Frust. Oft saß ich auf der Kirchtreppe gegenüber dem Bauernhof, und wenn der Opa im Hof werkelte, schnitt ich ihm Fratzen oder zeigte ihm einen Vogel.

Der Alte kochte dann innerlich und rief mir zu: »Warte nur, Bürschchen, wenn ich dich erwische …!« Dann konnte ich mich nicht nach Hause wagen und musste wieder auf meine Mutter warten oder in einem günstigen Moment schnell ins Haus rennen, in den ersten Stock, dann hoch ins Schlafzimmer und schnell von innen abschließen.

Meine Oma war sehr fromm und beschwichtigte meine bei ihr vorgetragenen Klagen über den Großvater immer mit Worten aus der Bibel und dem Heiland, der alles richten werde. Sie sagte nicht Gott oder Jesus, sie sprach nur vom Heiland. Manchmal, wenn ich nach ihren Ausführungen ein nicht überzeugtes Gesicht machte, erzählte sie mir mit großer Inbrunst die Geschichte, wie der Heiland ihr erschienen war und persönlich zu ihr gesprochen hatte, dabei schweifte ihr leuchtender Blick ab in eine unbekannte, wohl himmlische Ferne. Opa war im Ersten Weltkrieg schwer verletzt worden und konnte manchmal nicht aus dem Bett aufstehen, weil einer oder mehrere Granatsplitter, die er noch in seinem Kopf hatte, gewandert waren und große körperliche Beschwerden hervorriefen. Einmal, wahrscheinlich in den ersten Jahren nach dem Krieg, musste sich sein Zustand so verschlechtert haben, dass alle dachten, er sterbe. Und wohl in der größten Krise, nach intensivstem Beten meiner Oma, habe der Heiland plötzlich neben ihr am Fußende des Bettes gestanden und ruhig zu ihr gesagt: »Mach dir keine Sorgen, es wird alles gut!«

Und wirklich, von da an sei es Opa besser gegangen. Das war schon beeindruckend, und ich fragte manchmal, wie er denn ausgesehen habe, ob er die Dornenkrone aufgehabt oder was er für Kleidung getragen habe, man sah ihn ja nur entweder am Kreuz oder auf Abbildungen im Sonntagsblatt mit Umhang und kleiderähnlichen Gewändern. Aber wie er ausgesehen hatte, wusste meine Oma nicht, und sie quittierte mein Nachhaken auch mit unwirschem Gemurmel, wie ich denn so was fragen könne. Es war für mich ganz naheliegend zu denken: Wenn es ihn wirklich gibt, kann er ja auch mir vielleicht helfen, er könnte dafür sorgen, dass sich meine Eltern wieder vertragen und wir eine richtige Familie sind. Dann könnten wir hier wegziehen und ein schönes Leben haben. Dafür betete ich dann abends vorm Einschlafen mit dringenden Worten und vorauseilendem Dank, ja ich betete nicht nur, ich beschwor ihn regelrecht und versprach ihm alles Mögliche.

Aber der Heiland zeigte sich nicht, und er bewirkte auch keine Verbesserung der Umstände, auf ihn konnte ich mich offensichtlich nicht verlassen. Vielleicht war er aber für mich auch gar nicht zuständig, dachte ich, eher für Menschen wie Oma, die tagtäglich Zwiegespräche mit ihm führten und ihm sehr nah zu sein schienen. Es wurde jedenfalls täglich zum Mittagessen und abends beim Zubettgehen gebetet. Sonntags ging es immer in die Kirche. Ich wendete mich in meinen heimlichen Gebeten vor dem Einschlafen, wenn Mutter aus dem Zimmer gegangen war, dann hauptsächlich an den lieben Gott, schließlich war der ja auch der Vater des Heilandes und musste also noch mächtiger sein.

Im Kindergottesdienst predigte unser Pfarrer oft, dass die Wege des Herrn und seine Absichten für uns nicht erkennbar seien, wir sollten trotzdem Vertrauen haben und uns nicht von ihm abwenden. In dieser Zeit merkte ich, dass ich im Inneren dieses Vertrauen allmählich verlor und weder an den Heiland noch an den lieben Gott so richtig glauben konnte. Ich sagte aber nichts, weil ich es auch nicht erklären konnte, warum ich nicht wie Oma glaubte, nur ein zweifelndes Gefühl war in mir. Es war mir nicht genug, einfach nur alles demütig hinzunehmen, ich brauchte mehr Gewissheit, etwas, worauf ich mich verlassen konnte. Wenn ich schon betete, dann müsste auch irgendwann einmal eine erkennbare Hilfe kommen, das erwartete ich. Oma schien der Heiland ja mal geholfen zu haben, aber warum hatte er zugelassen, dass ihr geliebter Sohn Erwin gleich totgeschossen wurde? Oma war doch eine bedingungslos Glaubende. Und Reimanns Hans fiel mir dann auch wieder ein. Hier konnte was nicht stimmen, das war alles undurchschaubar und ohne Verlässlichkeit. Gegenüber Oma konnte ich solche Zweifel nicht vorbringen, sie geriet dann sofort in regelrechte Panik und sagte: »Um Himmels willen, so was darfst du nicht sagen, sonst wird der Herrgott dich bestrafen!« Bei solchen Gelegenheiten sagte sie tatsächlich Herrgott und nicht Heiland, sie warnte mich auch dringlich vor der Hölle, in die Ungläubige und Gotteslästerer nach dem Jüngsten Gericht kämen! Aha, dachte ich, für Bestrafung und Hölle schien der Herrgott zuständig zu sein und für schnelle Hilfe doch der Heiland?

Aber obwohl sich das Gefühl des Zweifels an Gott, Heiland und dem ganzen Glauben zunehmend in mir ausbreitete, hatte ich auch Schuldgefühle deswegen, und ein schlechtes Gewissen schlich sich in meine Gedanken. Vor allem wenn ich wieder in der Kirche war. Ein Nachbarbauer hatte nebenbei die Kirchenaufsicht übernommen und sorgte für Sauberkeit, Glockenläuten, Gottesdienstvorbereitungen und alles andere. Er konnte mich gut leiden und erlaubte mir, abends um sechs Uhr eine der drei Glocken zu läuten. Das war interessant, denn wenn man durch den Zug an dem dicken Seil die Glocke in Schwung gebracht hatte, zog ihr Gewicht einen zwei bis drei Meter in die Höhe, wenn man es oben ansprang. Wenn Werner und Norbert dabei waren, artete es auch schon mal in Blödsinn aus, und wir läuteten viel zu lange. Der Bauer kam dann angerannt, und es gab schon mal 'ne Kopfnuss mit dem Fingerknöchel.

Durch dieses Glockenläuten, den sonntäglichen Gottesdienst oder auch zu anderen Anlässen wie einer Taufe in der Verwandtschaft oder Beerdigungen war ich ständig mit der Kirche verbunden. Vor allem in den Gottesdiensten überfiel mich oft genug der Einfluss dieses Hauses. Der typische Geruch, die Orgelmusik, das gemeinsame Singen und vor allem Jesus, wie er vom Kreuz herab auf uns Menschen schaute. Er war dem Tode nahe, und doch schaute er auf uns mit Liebe in den Augen oder mit einem vergebenden, verzeihenden Blick, weil wir doch kleine, dumme Schäflein waren. In solchen Momenten war ich wieder eins mit allen, wehrte mich nicht, sondern

36

gab mich dem Schönen der Gemeinschaft hin und war zufrieden.

Das hielt aber leider nicht lange an. Spätestens nach den nächsten ein oder zwei Bestrafungen, wie ich sie etwa wöchentlich mehr oder weniger heftig ertragen musste, kam der Trotz und Widerstand wieder hervor gegen die Erwachsenen, die mich schlugen, und auch gegen den Glauben. Die Kirche hatte zwar die Möglichkeit, etwas zu kitten, etwas zu reparieren in mir, aber um alles fest zusammenzuhalten, war der Kitt offensichtlich nicht stark genug.

Neben den religiösen Inhalten zweifelte ich auch zunehmend an den anderen Geschichten, die von Zeit zu Zeit erzählt wurden. Da gab es die dunkle Gasse, durch die nachts zu einer bestimmten Stunde, meist um 12 Uhr nachts, angeblich ein Feuerrad fegte, oder manchmal sei eine Frau in weißem Gewand am Brunnen in der Obergasse gesehen worden, die sich einen Blutfleck aus dem Kleid waschen würde, warum, wusste man nicht. Alle diese Erscheinungen seien gefährlich und tauchten nur nachts auf, man solle lieber brav zu Hause bleiben, damit einem nichts passiere. Ich zweifelte am Wahrheitsgehalt, weil der Sinn nicht erkennbar war, und wen ich auch fragte, niemand hatte so eine Erscheinung wirklich selbst gesehen. Aber wenn ich in unseren dunklen Keller gehen musste, um Sauerkraut aus dem Fass zu holen, fürchtete ich mich trotzdem schrecklich vor allen möglichen unheimlichen Dingen, ich hatte eine Gänsehaut vor Angst, dann sang oder pfiff ich laut vor mich hin und beeilte mich sehr, von dort wieder zu verschwinden.

Kapitel 4

Als ich neun Jahre alt war, hatte meine Mutter einen Entschluss gefasst:»Ich habe eine Putzstelle in einem Hotel in Bad Salzschlirf angenommen«, teilte sie mir mit. »Wir müssen hier wegziehen, ich verdiene nicht genug bei den Bauern, um uns dauerhaft durchzubringen!« Uns blieben noch zwei Wochen Zeit, und wir besuchten alle Verwandten des Ortes noch einmal, um Abschied zu nehmen. Den wahren Grund für den Wegzug nannte meine Mutter mir erst Jahre später: »Ich hatte Angst, dass der Konflikt zwischen dir und deinem Großvater eskaliert und noch Schlimmeres passiert wäre!« Ich erfuhr aber dann auch, dass sie als alleinstehende Frau von verheirateten Männern eindeutige Angebote erhalten und vielleicht auch welche angenommen hatte. Jedenfalls gab es Gerüchte, die sicherlich zu ihrem Entschluss beitrugen wegzuziehen.

Bei einem der Abschiedsbesuche nahm mich Tante Anni einmal beiseite und fragte mich, ob ich ihr etwas in die Nachbarschaft tragen helfe. Zu meiner Mutter gewandt sagte sie:»Wir sind gleich wieder da.« Unterwegs blieb sie stehen, nahm mich in den Arm und meinte: »Ich muss dir mal was sagen, du bist doch ein helles Kerlchen, und das mit deinem Opa musst du versuchen zu vergessen! Er ist ein alter Mann und glaubt den fehlenden Vater ersetzen zu müssen. Und vor allem, er kann sich gegen dich nur mit Strenge und Schlägen durchsetzen, er ist hilflos, und im Grunde meint er es gut.«

»Ja, aber mit Mama hat er auch dauernd Streit, und früher war auch schon dauernd Streit in der Familie, sagt Mama, mit ihrer Mutter und ihrer Schwester! Ich bin froh, dass wir wegziehen. Aber meine Freunde werde ich so vermissen«, erwiderte ich leise und schämte mich ein bisschen meiner Tränen.

»Hör mal, viele Erwachsene sind nicht so besonders schlau«, sagte Tante Anni. »Die streiten sich um jeden Mist. Für dich ist es besser, wenn ihr jetzt woanders hinzieht, hier wirst du nur in diese kleinkarierten Streitereien hineingezogen und wirst nachher noch genauso. In eurem Haus hat es schon immer Zwietracht und Streit gegeben, meine Schwiegermutter ist die Schwester deines Großvaters, und die hat mir oft erzählt, wie es in ihrem Elternhaus war, immer Missgunst, Streit und Ärger. Du bist doch so gut in der Schule und verstehst alles so schnell! Also sei nicht mehr traurig, mein Lieber, woanders kannst du noch mehr lernen, und dann findest du später mal einen guten Beruf, und alles wird gut!«

Es tat gut, wie Tante Anni mit mir geredet hatte, ich hatte zum ersten Mal das Gefühl, ernst genommen zu werden und ein bisschen die Zusammenhänge zu verstehen, auch wenn sie mich vielleicht nur trösten wollte.

Abends im Bett dachte ich noch lange über das Gespräch nach. Ich glaube, Tante Anni wollte mir vor allem sagen: Wenn ich schlau sei, müsse ich doch erkennen, dass meine Familie, vor allem Opa, mich nicht hasst, sondern dass sie nicht anders können. Wie oft hatte ich geglaubt, dass mein ganzes Unglück nur an mir selbst liege. Ich war meinem Vater nichts wert, ich war nicht lieb genug und musste daher dauernd bestraft werden.

Ich begriff aber auch, dass ich nicht weiterkam mit meinen Überlegungen und Grübeleien. Ich musste versuchen, all die unschönen Erlebnisse und negativen Erfahrungen beiseitezuschieben, sie einfach auszublenden. Ich hatte keinen Heiland an meiner Seite wie meine Oma, keinen Vater, und meine Mutter hatte genug eigene Sorgen. Die wiederum hatten auch wesentlich mit mir zu tun, sonst hätte sie nicht damals zum ersten Mal gesagt: »Wenn ich dich nicht hätte, würde es mir besser gehen!« Das entfuhr ihr einmal, als sie sauer auf mich war, weil ich wieder Streit mit Opa hatte und eine ganz miese Stimmung in der Familie war. Sie meinte es nicht wirklich so, sie hatte es gesagt, und es traf mich sehr, aber ich wusste, dass sie mich trotzdem lieb hatte.

Wir zogen nach Bad Salzschlirf ins Parkhotel. Meine Mutter arbeitete dort als Putzhilfe und Zimmermädchen. Sie teilte ein Doppelbett mit einem 17-jährigen Lehrlingsmädchen in einer Dachstube, und in dem Gang vor diesem Zimmer stand ein Bett für mich und ein Schrank für alle. Sonst hatten wir nichts an Möbeln, mein Durchgangszimmer war ohne Fenster, die Toilette mit Waschbecken war einen Stock tiefer. Ich gewöhnte mich ziemlich schnell ein in der neuen Schule, erbrachte auch gute Leistungen, war aber bald auch schnell bei den Lehrern untendurch, da ich immer Streiche und Blödsinn im Kopf hatte, meist nur um die Aufmerksamkeit und Anerkennung der Mitschüler zu gewinnen. Auch mit Mutter ging es nicht lange gut dort in diesem Hotel, denn sie war mit dem Besitzer aneinandergeraten, warum, weiß ich nicht, diesmal schien ich allerdings nicht der Grund gewesen zu sein, denn sie machte mir keine Vorwürfe.

So zogen wir weiter nach Rauischholzhausen bei Marburg an der Lahn. Hier war die Bäckerei Grün Mutters neuer Arbeitgeber. Die Schule dort habe ich als düster in Erinnerung, mit einem mir seltsam vorkommenden Klassenlehrer, der viel vom Krieg erzählte, wenn es die Gelegenheit nur erlaubte. Nach ein paar Monaten gab Mutter auch diesen Arbeitsplatz wieder auf. Kaum hatte ich ein paar neue Freunde gefunden, ging unser Weg weiter, diesmal nach Marburg.

Hier gab es das Schüler- und Studentenwohnheim am Krummbogen, untergebracht in zwei länglichen Holzbaracken und einem gemauerten neuen Haupthaus, mit Kantine und kleinem Speisesaal. Mutter war als Hilfskraft für alle Bereiche eingestellt worden. Es war eine Einrichtung der Kirche, ich schätze der evangelischen. Schwester Martha, in Schwesterntracht auftretend, war die offizielle Chefin und Peter Biel der Heimleiter. Er war ein Vikar Ende zwanzig, ein schmaler, intellektueller Typ mit dunkler Hornbrille, Geheimratsecken, braunem Haar, sehr schlank und schlaksig, und er war ein wirklich lustiger Mensch, den ich sehr mochte. Vielleicht auch deshalb, weil er ein Verhältnis mit meiner Mutter hatte und sehr oft mit uns zusammen war.

Überhaupt war meine Hoffnung, meine Mutter werde wieder mit meinem Vater zusammenkommen, mit der

Zeit regelrecht versandet, ja in meinem Inneren hatte sich die Sehnsucht nach meinem Vater in aggressive Gefühle gegen ihn gewandelt. Er hatte uns schmählich verlassen und kümmerte sich einen Dreck um mich, so sah ich es jetzt. Mutter hatte ihm oft die Schuld für unsere Misere zugeschoben, auch hatte sie mich öfters gefragt: »Was machst du, wenn er eines Tages kommt und dich holt oder dich mir wegnehmen will?« Dann hatte ich meist geantwortet: »Ich laufe schnell weg, oder ich verstecke mich, bis er wieder weggeht!« Ich merkte, dass solche Antworten meine Mutter glücklich zu machen schienen, und ich nutzte das aus, indem ich immer aggressivere Äußerungen dazu erfand, wie »Ich schütte ihm heißes Wasser über den Kopf« oder so ähnlich. Obwohl das eine grausame Vorstellung war, lachte dann meine Mutter darüber.

Hausmeister Hannes hatte wohl auch ein Auge auf sie geworfen und hatte geäußert, dass man Frau und Kind nicht so einfach verlassen dürfe. Er war bärenstark und hatte wahnsinnig dicke Oberarme. Ich hatte gehört, dass er manchmal zu viel trank und dann in Kneipen schon mal ordentlich »aufgeräumt« habe. Ihn erwähnte ich dann auch, wenn es darum ging, ein mögliches Einmischen meines Vaters zu verhindern. »Ich rufe schnell Hannes, der haut ihm dann aufs Maul!« So was gefiel meiner Mutter sehr, und sie lachte fröhlich über solch eine Vorstellung.

Dass sie mit Biel ging, machte mich glücklich! Ich mochte ihn, und die Vorstellung, er würde mein neuer Vater, war einfach wunderbar. Diese Zeit im Wohnheim, mit den vielen jungen Leuten – es waren ausschließlich männliche Schüler einer Hotelfachschule und Uni-Studenten –, war eine schöne und glückliche Zeit. Es war immer was los, es wurden Spiele gespielt, Ausflüge unternommen, auf der Lahn mit Booten gerudert, es wurde gemeinsam gegessen. Ich war der Jüngste und durfte an fast allen Aktivitäten teilnehmen. Biel hielt am Wochenende immer eine Andacht, es wurde gebetet, und es wurden Kirchenlieder gesungen. Oft stellte er sich auch den Fragen der Studenten zu Glauben, Gott und Religion, und er verstand anscheinend auch die, die an Gott zweifelten. Er hatte nichts Verbissenes an sich. Für ihn war zwar alles ganz klar göttlichen Ursprungs, und Gott war auch der verborgene Lenker im Hintergrund. Wer etwas anderes dachte, wurde aber trotzdem akzeptiert. Biel wollte gerne, dass auch die, die nicht an Gott glauben konnten, an den Bibelstunden teilnehmen, was sie auch manchmal taten, weil sie Biel mochten, und der guten Heimgemeinschaft wegen, schätze ich. Hinterher wurden auch Brettspiele gespielt, zum Beispiel der neue Hit: Monopoly. Darauf waren alle versessen und nahmen die vorher stattfindende Andacht mit kleiner Predigt gerne in Kauf.

Biel hatte die Fähigkeit, das Kirchliche als etwas ganz Natürliches zu vermitteln, eher wie eine Gemeinschaft, die füreinander da ist. Er hatte einen freundlichen und liebevollen Charakter, er legte Wert darauf, dass nett miteinander umgegangen wurde. Er hatte auch Freunde wie Kleinitz und Bracht, die noch studierten, ich glaube, Philosophie oder Theologie, ich weiß nicht so genau. Sie hatten alle viel Humor, waren oft am Blödeln und Witzeerzählen. Oft stritten sie hitzig über Heidegger, Hegel und andere Leute, von denen ich noch nie etwas gehört hatte. In seinem Zimmer hatte Biel einen kleinen Plattenspieler an sein Radio angeschlossen, darauf spielte er fast nur Marschmusik wie den Badenweiler- oder den Radetzky-Marsch. Er erlaubte mir ab und zu, auch meine drei Scheiben aufzulegen: »Blueberry Hill« von Fats Domino, »Sugar Baby« von Peter Kraus und eine von Elvis: »Hound Dog«. Wenn es ihm oder seinen Freunden zu viel wurde, weil ich immer dieselben Lieder abspielte, warfen sie mich entschieden, aber freundlich aus dem Zimmer: »Jetzt ist Schluss mit dem Kaugummifresser.« Englische Musik mochten sie nicht, Elvis war ihnen ein Gräuel.

Eines Tages, ich spielte auf dem Hof des Studentenwohnheimes mit Rex, dem kleinen Mischlingshund, kam ein Mann auf mich zu und fragte: »Wie heißt du denn?« Nachdem ich es ihm gesagt hatte, antwortete er: »Ich bin dein Vater, wie geht es dir?« Ich gab keine Antwort und rannte kopflos davon, um meine Mutter zu suchen. »Da ist ein Mann, der sagt, er sei mein Vater«, rief ich ihr aufgeregt entgegen. Sie kam mit nach draußen, und tatsächlich, er war es wohl, ich hatte ihn nicht erkannt. Sie hatten beide etwas zu bereden, es ging wahrscheinlich um Unterhaltszahlungen, die er leisten sollte. Seine neue Frau war auch dabei, und beide überredeten mich später zu einer Spazierfahrt durch Marburg. Ich weiß nicht mehr, was die beiden mit mir redeten; sie waren ganz locker und freundlich, ich dagegen sagte kaum etwas und war verschlossen und gehemmt, regelrecht ablehnend. Ich fand es auch schlimm, dass seine Neue dabei war. Sie bemerkten meine Ablehnung, die Fahrt war dann ziemlich schnell beendet; nach einem Händedruck und zwei, drei Worten waren sie auch schon verschwunden. Ich war verwirrt und aufgeregt und wegen meiner aufgewühlten Gefühle einfach völlig unfähig, mit ihm zu reden. Danach war die Gelegenheit vorbei, etwas zu fragen oder zu erfahren, ich habe ihn danach nie wieder gesehen.

Kapitel 5

Unabhängig von der neuen, schönen Umgebung und der Geselligkeit im Wohnheim wurden meine schulischen Leistungen immer schlechter, da ich diese Schule nicht mochte. Die Friedrich-Ebert-Schule an der Lahn war ein alter, großer Kasten, mit dunklen Klassenzimmern und mir durchweg unsympathischen Lehrern, die immer sehr autoritär und strafend auftraten. In meinem Lieblingsfach Sport traf ich auf Lehrer Stein, einen der unerträglichsten. Hatte man nur mal nicht zugehört oder ihn gestört bei seinen langatmigen, langweiligen Ausführungen, wurde man von ihm vor die Wahl gestellt: »Ohrfeige oder Ausschluss von der Sportstunde?« Ich war einiges gewöhnt, aber eine Ohrfeige von Stein war schon keine Ohrfeige mehr, sie war Körperverletzung. Man durfte sich nicht wegducken, dann traf einen ein Schlag ins Gesicht, der einen wimmernd zusammensacken ließ, auch wenn man kein Weichling war. Die knallrote bis violette Wange war am nächsten Tag noch geschwollen, und jeder wusste: Aha, Stein! Ihm gegenüber hatte ich oft Gewaltfantasien, ich stellte mir alle möglichen Quälereien vor und wie er wimmernd am Boden lag und ich auf ihn eintrat, das Schwein!

Aber auch das musste in eine fernere Zukunft verschoben werden, noch war ich wie die anderen ein Kind und zu schwach. Gemeinsam schmiedeten wir manchmal Rachepläne gegen ihn, wenn wir wieder heimlich rauchend unter dem Dach des Schlachthofgebäudes saßen. Der Vater von Peilstöcker, einem aus der Clique, war der Chef des Schlachthofes, und wir konnten uns auf dem Gelände immer mal ein Plätzchen suchen für geheime Besprechungen. Alle vier Reifen seines Autos haben wir Stein dann später zerstochen, mit einem unglaublich scharfen Messer aus dem Schlachthof. Das haben wir lange geplant und dann dort durchgeführt, wo er manchmal abends ein Bier trank, in einer Kneipe in der Ockershäuser Straße. Die Tat durfte nicht mit der Schule in Verbindung gebracht werden, sonst hätten wir sicher den Verhören nicht standgehalten.

Stein war auch unser Schwimmlehrer und verhielt sich dabei genauso brutal. Wenn es ihm gefiel, stieß er einen einfach ins tiefe Wasser des Hallenbades, obwohl man noch nicht schwimmen konnte; nur aus Leinenstoff bestehende Schwimmflügel hielten einen dann so lange über Wasser, bis man sich wie ein Hund paddelnd an den Rand oder ins Flache rettete.

Parallel dazu entwickelte ich Aktivitäten, die man damals eher halbstarkes Verhalten genannt hätte. Auf dem Schulhof machten wir Mädchen an, meistens etwas aggressiv und provozierend, wir – eine Clique von vier bis fünf Jungen – klauten Spielzeug und Schallplatten im Teka-Kaufhaus, wir rauchten heimlich, und kaum war die Schule aus, flog direkt vor der Schule auf der Lahnwiese der Ranzen in die Ecke, und es wurde Fußball gespielt. Wenn wir mit einem Lederball spielen wollten, mussten wir Heinz Meinhard mitspielen und bestimmen lassen. Er war ein dicklicher Kerl, der nicht gut spielen konnte, sein Vater hatte aber eine Bäckerei und Geld genug, seinem sportlich unbegabten Sprössling einen richtigen Lederball zu kaufen. Heinz hatte oft nicht die nötige Schlauheit, um einzuschätzen, wie weit er bei uns gehen konnte mit seiner Bestimmerei, wer in seiner Mannschaft spielt und wer nicht. Manchmal bekam er was aufs Maul und wurde weggejagt, wir spielten dann mit seinem Ball weiter. Vater Meinhard erschien dann natürlich am nächsten Tag in der Schule und pochte darauf, dass der Anführer — meistens ich — ordentlich bestraft wurde. Was der Klassenlehrer Schultheiß allzu gerne übernahm, war ich ihm mit meiner Frechheit doch sowieso ein Dorn im Auge. Seine Lieblingswaffe war ein großes Holzlineal, mit dem er einem auf die Finger schlug.

Einmal hatte ich aus lauter Übermut der Deutschlehrerin Riesenreißzwecken auf ihren Stuhl gelegt, auf die sie sich dann mit ihrem enganliegenden Rock gesetzt hatte und schreiend aufsprang. Der Schuldige sollte sich melden, sonst würde die ganze Klasse bestraft. Ich wollte es mir mit meinen Mitschülern nicht verderben, deshalb gab ich es nach kurzem Zögern zu. Sie führte mich ab ins Rektorenzimmer und klagte dem Rektor ihr Leid. Der schickte sie zurück in die Klasse und schloss die Tür danach von innen ab. Anschließend bekam ich eine ordentliche Tracht mit seinem dicken Gehstock. Den brauchte er, weil er wohl ein Hüftleiden hatte, er humpelte stark, auf den Stock gestützt. Er war ein glatzköpfiger, anscheinend immer schlecht gelaunter Typ, den keiner mochte. Man konnte seinem stechenden Blick kaum standhalten, wenn er einen fixierte. Die Stockschläge taten höllisch weh, und ich

48

schwor mir im Stillen: *Das kriegst du zurück; wenn ich groß genug bin, dann passe ich dich ab und hau dich grün und blau, du Drecksack!*

Nicht nur in der Schule entwickelten sich die Dinge negativ. Im Wohnheim hatten meine Mutter und Biel immer mehr Probleme, denn Schwester Martha befand die Beziehung der beiden unter dem Dach einer frommen Einrichtung für moralisch untragbar. So war wieder ein Ortswechsel fällig. Traurig und niedergeschlagen nahm ich die Nachricht entgegen: »Wir ziehen weg, nach Cappel, und ich arbeite auch nicht mehr im Wohnheim, sondern habe eine Stelle in der Gehschule angenommen, als Küchenhilfe und Putzfrau.«

Anfangs besuchte uns Biel des Öfteren in Cappel, ich wurde dann meistens eine Weile nach draußen geschickt, damit die beiden ein bisschen Zeit füreinander hatten. Ich bolzte dann im Hof der Familie Fuß mit dem Ball auf verschiedene Wände, auf die leere Hundehütte oder imaginäre Tore an der Scheunenwand, schlüpfte meistens in die Rolle eines Nationalspielers und vergaß mich völlig, bis die Schüsse einem Anwohner auf die Nerven gingen und ich aufhören musste. Wenn ich Mutter fragte, warum sie Biel nicht heirate, sagte sie, dass er doch viel zu jung wäre und dass es daher nicht gutgehen würde.

Die sogenannte Gehschule, in der meine Mutter jetzt arbeitete, war eine Reha-Klinik für Amputierte. Manchen der Patienten fehlten ein oder beide Beine oder sogar zusätzlich noch ein Arm. Die Älteren hatten ihre Gliedmaßen meist im Krieg verloren, die Jungen durch

Auto- oder Arbeitsunfälle. Diese Gehschule, und das war für mich das Unangenehme an dieser Zeit, lag innerhalb des ummauerten Geländes des Psychiatrischen Krankenhauses von Marburg, der »Hoppla«, wie sie im Volksmund genannt wurde. Ich ging nach der Schule immer dorthin, da meist genügend Essen übrig war und Mutter eine Portion für mich reservierte. Das Essen wurde in Alu-Kübeln oder großen Töpfen von der Zentralküche aus mit dem Handwagen zur Gehschule gebracht und dann dort verteilt. Diesen Handwagen zog Herrmann, ein ziemlich bekloppter Anstaltsinsasse, der sich auf dem Gelände frei bewegen durfte und für die eine oder andere Arbeit zu gebrauchen war.

Mutter sagte immer, ich solle mich von ihm fernhalten, das sei sicherer, man wisse ja nie! Ich hatte auch Angst vor ihm, wenn er mit unverständlichem Brabbeln auf mich zukam und mich anfassen und betatschen wollte. Richtig schockierend waren für mich die frei laufenden sogenannten leichten Fälle, die sich mir, wenn ich von der Pforte bis in die Gehschule lief, öfters neugierig näherten und mit stierenden, ziemlich seltsamen Blicken in den Weg stellten oder mich ansprachen. Wenn es zur Winterszeit abends schon früh dunkel wurde und ich musste an diesen Gestalten vorbei, lief ich im Trab oder sprintete auch schon einmal, wenn sich jemand näherte. Ganz schlimm waren auch die kaum noch menschlich klingenden Schreie aus den geschlossenen Abteilungen. Männer, die manchmal onanierend an vergitterten Fenstern zu sehen waren, dabei wie Affen an den Gittern rüttelten.

In der Gehschule selbst war ich jedoch sehr gerne, erwiesen sich die meisten Patienten doch als sehr nette Leute, die Tischtennis und Brettspiele mit mir spielten oder mir bei den Hausaufgaben halfen. Sie feierten viel, hatten Tanzkurse, machten das Sportabzeichen und es gab immer interessante Geschichten, da Männer und Frauen dort nicht räumlich getrennt waren. Manchmal machten wir mit den Rollstühlen, die dort überall herumstanden, Wettrennen auf den langen Gängen. Die Stümpfe der fehlenden Gliedmaßen, die ich manchmal zu sehen bekam, waren am Anfang etwas eklig anzusehen, aber mit der Zeit gewöhnte ich mich daran. Die wurden oft massiert und eingesalbt, weil die neu angepassten Prothesen Wundstellen hervorriefen. Diese sogenannte Gehschule schien den Insassen gutzutun, denn selbst junge Menschen, die Gliedmaßen verloren hatten und zu Beginn der Kurse oft sehr traurig und niedergeschlagen waren, entwickelten allmählich wieder Lebensmut und wurden fröhlicher. Das merkte sogar ich, obwohl ich so sehr mit mir und meinem Leben beschäftigt war.

In der Friedrich-Ebert-Schule ging es mit mir immer mehr bergab. Oft schwänzte ich die Schule und lief in Marburg planlos umher oder ging mal ins Schülerwohnheim, konnte dort aber nur mit der Lüge, eine Stunde sei ausgefallen, auftauchen, und das auch nur selten. Meine Mutter fuhr schon vor mir zur Arbeit und kam erst abends nach Hause, und so legte ich mich oft wieder ins Bett, wenn sie weg war. Eines Tages bekam sie einen blauen Brief, und meine schlechten Leistungen wie die Schulschwänzerei flogen auf. In der Zeit war ich vom Rektor einmal für eine Woche schulintern vom 6. ins 2. Schuljahr strafversetzt worden, damit ich diszipliniert würde. Am ersten Tag weinte ich aus Scham, da meine Klassenkameraden es mitbekamen und mich hänselten. Das machte mich innerlich nur aggressiver, war doch für mich nicht nachvollziehbar, was für einen Sinn diese Bestrafung haben sollte. Für mich war es die reine Demütigung.

Ich schlug mich auf dem Schulhof mehr und mehr mit anderen, die mir »frech kamen«, um zu zeigen, wer hier der Stärkste war. Wollten die Gegner meistens Ringkämpfchen anfangen, schlug ich ihnen meistens schnell und ohne Vorwarnung voll auf die Nase, die dann entsetzlich blutete. Die Lehrer wiederum hielten meist zu den »Nasengeschädigten« und ich bekam Nachsitzen, Ohrfeigen oder andere Strafen.

Rosi aus der Parallelklasse war meine erste Freundin. Sie war eine kleine, hübsche Schwarzhaarige mit Pagenfrisur und wusste schon immer alles früher als die anderen. Ihr imponierte mein Auftreten, und wir hatten uns auch einmal zaghaft geküsst, weil sie es gerne wollte und damit vor ihren Freundinnen angeben konnte. Wir trafen uns manchmal an der Elisabethkirche mit anderen Schülern und alberten herum oder flirteten miteinander. Dort hatte sie mich auch, leise ins Ohr flüsternd, gefragt, ob ich schon meine Tage hätte. Ich wusste überhaupt nicht, wovon sie sprach und muss auch dementsprechend ausgesehen haben. Für sie war ich wohl nicht auf dem Laufenden.

Nachmittags war ich mit zwei, drei Freunden oft unterwegs, um Geldquellen ausfindig zu machen. Wir klauten auf verschiedenen Baustellen Eisenstangen und brachten sie mit dem kleinen Bollerwagen meines Freundes Werner zum Schrotthändler, wenn wir genug zusammenhatten. Wir gruben zwei Maulwurfsfallen, die wir vom Hausmeister »geliehen« hatten, in die Gänge der Maulwürfe auf dem Wohnheimgelände oder auf den Lahnwiesen ein und fingen die Tiere lebend. Werner war mit dem Pförtner der Behringwerke irgendwie verwandt. Der gab uns dann zwei Mark pro Tier. Katzen brachten vier Mark, aber die waren schwieriger zu beschaffen, passten doch die meisten Menschen auf sie auf. Wir wussten, dass Tierversuche mit ihnen durchgeführt wurden, aber das war uns egal, moralische Bedenken oder Mitgefühl hatten wir mit dem »Tierzeugs« nicht, denn wir brauchten das Geld. Davon kauften wir Süßigkeiten oder Heftchenromane am Kiosk beim Hallenbad, am Rudolfsplatz. Dann schmökerten wir *Sigurd-*, *Akim-* oder *Micky-Maus*-Heftchen. Mit nach Hause nehmen konnten wir die nicht, weil wir sonst gefragt worden wären, woher wir das Geld dafür hatten. Bei Werner zu Hause, im Keller hinter den Briketts, hatten wir in einer Holzkiste alles versteckt.

Meine Mutter konnte meine negative Entwicklung nicht aufhalten. Da sie von morgens bis abends arbeiten ging, hatte sie nicht genügend erzieherischen Einfluss auf mich und war zunehmend hilflos. Auch sie schlug mich natürlich, meist mit einem schnell greifbaren Kleiderbügel, wenn sie erfuhr, dass ich die Schule schwänzte oder sie vom Rektor in die Schule zitiert wurde. Er forderte Konsequenzen von ihr, um mein sogenanntes Fehlbenehmen abzustellen.

Kapitel 6

Kurz darauf wusste Mutter sich nicht mehr anders zu helfen — das waren ihre Worte — und gab mich weg in eine Pflegefamilie. Zufällig hatte sie eine Annonce gelesen, in der ein Ehepaar ein Pflegekind aufnehmen wollte. Sie hatte geantwortet, sich mit ihnen verabredet, und nachdem das Ehepaar mich inspiziert hatte, zog ich bei ihnen in Marburg, am Alten Kirchhainer Weg, ein. Der Mann, Herbert Stegmann, war Anfang fünfzig, ziemlich korpulent, rauchte wie ein Schlot und war Leiter des Sozialamtes in Marburg. Er hatte für Monika, eine zwanzig Jahre jüngere Krankenschwester, seine bisherige Familie verlassen. Monika wurde schwanger, Herbert heiratete sie nach der Scheidung, und Klein Ilse kam auf die Welt. Da er für Scheidung und Unterhalt ordentlich bezahlen musste, fehlte es an Geld. Daher hatten sie sich entschlossen, ein Pflegekind aufzunehmen, denn sicher gab es zu den 150 DM, die meine Mutter monatlich zahlen musste, auch noch einen ordentlichen Zuschuss vom Sozialamt.

Ich war am Boden zerstört, dass mir meine Mutter das antat! Die ersten zwei Tage in meinem neuen »Zuhause« weinte ich, wenn ich allein war, damit es keiner sah, und war ansonsten trotzig, beleidigt und sprach kein Wort. Mehr und mehr wurde wieder abends das Bett mit über den Kopf gezogener Decke mein Rückzugsraum, in dem ich erst vor mich hin weinte und dann entweder einschlief oder aber von einer anderen, schöneren Zukunft träumte. Gebetet habe ich nicht mehr, das hatte bisher nie geholfen. Nun war ich fast zwölf Jahre alt, und meine Fantasie war nicht mehr ganz so begrenzt und erfahrungsarm. Genügend oder viel Geld zu haben schien mir das Wichtigste, um sich Träume und ein besseres Leben erfüllen zu können. Mir tolle Autos und ein schönes Haus vorzustellen und die damit verbundene Anerkennung der Mitmenschen, das half mir, einzuschlafen und den miesen Alltag wegzuträumen.

Herbert Stegmann war aber zum Glück nicht nur auf das Geld aus. Er gab sich richtig Mühe mit mir, hatte schon bald die Situation an meiner Schule analysiert, dort mit den Lehrern gesprochen und bat mich dann in sein rauchgeschwängertes, kombiniertes Wohnzimmer-Büro, um mit mir zu sprechen. Er sagte: »Am besten, du wechselst die Schule. Erstens bist du bei den Lehrern der Friedrich-Ebert-Schule untendurch, da kommst du auf keinen grünen Zweig mehr. Zweitens liegt die Brüder-Grimm-Schule direkt hier hinterm Haus. Drittens musst du dich gewaltig anstrengen, um ein gutes Abschlusszeugnis zu bekommen. Das schaffst du nur durch einen Schulwechsel und mit großen Anstrengungen, denn viel Zeit hast du nicht mehr!«

Das war, ahnte ich, eher eine Anordnung als eine Frage, und somit ging Herbert eines Morgens, er hatte alles im Hintergrund geregelt, mit mir in die Brüder-Grimm-Schule, begleitete mich bis in die Klasse und übergab mich dem Klassenlehrer Herrn Ludwig.

Herbert Stegmann hatte eine natürliche Autorität. Er kontrollierte anfangs täglich meine Hausaufgaben, half mir bei Aufsatzgliederungen oder gab Rat bei politischen Fragen, die im Unterricht durchgenommen wurden. Er war SPD-Mitglied und schwärmte von Willy Brandt. Da ich ihn als Pflegevater und Respektsperson anerkannte und er mir erklärte, dass dies die Partei wäre, die sich für die Schwachen in der Gesellschaft einsetze, war es klar, dass ich in der Schule bei Diskussionen die SPD verteidigte.

Schon im nächsten Halbjahreszeugnis hatte ich fast nur noch Zweien und war auf dem besten Weg, zu den Klassenbesten aufzuschließen. Familie Stegmann war in dieser Phase ein Glücksfall für mich, brachten sie doch wieder feste Struktur und Ordnung in mein Leben. Sie waren sehr freundlich, ja manchmal sogar liebevoll, und Frau Stegmann drückte mich öfters an sich, vor allem, wenn sie traurig war, weil Herbert viel zu spät und ziemlich angetrunken nach Hause kam. Anscheinend war es für diesen starken Mann doch nicht ganz so einfach, sein neues Leben zu bewältigen.

Die Stegmanns erlaubten mir, in einem Aquarium, das am Boden mit Sägemehl bestreut wurde, eine Hamsterfamilie zu halten. Ich bastelte ein kleines Häuschen für sie und musste mich ohne Hilfe um Sauberkeit und Fütterung kümmern. Zuerst hielt ich sie in meinem kleinen Zimmer, aber da ich durch ihre nächtlichen Geräusche im Schlaf gestört wurde, konnte ich das Aquarium im Badezimmer, neben dem Waschbecken, aufstellen. Dieses »Badezimmer« war winzig und bestand nur aus Waschbecken, Klo und einem winzigen Hängeschrank. Dusche oder Badewanne gab es nicht. Wir alle wuschen uns lediglich über dem Waschbecken, und samstags kamen die Füße dran, in einer emaillierten Schüssel in der Küche. Es waren wirklich armselige Wohnverhältnisse, und trotzdem erlaubten sie mir sogar, ein zweites Aquarium mit Hamstern im Bad aufzustellen.

Herbert Stegmann maulte mich nur dann an, wenn ich die Sägemehlstreu nicht rechtzeitig wechselte. Dann roch es im Bad streng nach dem Urin der Tiere, zumal ich manchmal bis zu dreißig junge Hamster hatte. Ich konnte sie einer kleinen Zoohandlung in Marburg verkaufen, für 50 bis 70 Pfennig pro Tier, so bekam ich Geld für das Futter. Ich bastelte alle möglichen Geräte aus Sperrholz, entweder aufstellbare Trennwände oder Hindernisse zum Spielen und Turnen. Die Stegmanns waren wirklich nette Leute, niemals wurde ich beschimpft, niemals geschlagen! Allenfalls ermahnten sie mich manchmal zu mehr Fleiß bei den Hausaufgaben. Bei Sonntagsspaziergängen sollte ich manchmal den Kinderwagen mit Ilse schieben. Als ich mich weigerte, weil ich mich schämte, sagte Frau Stegmann: »Ich verstehe dich, aber so wie du darüber denkst, das ist altmodisch und falsch verstandene Männlichkeit. Ein Mann ist nicht weniger männlich, wenn er den Kinderwagen seines Kindes schiebt oder die Windeln wechselt!«

Ich machte das dann auch, beobachtete aber konzentriert die Umgebung, ob nicht zufällig jemand aus meiner Klasse vorbeikam. Meist mied ich diese Sonntagsspaziergänge, die uns auch in den Wald führten. Herr Stegmann kannte alle Pilze. Wir sammelten sie in einem Korb, und er briet sie später zu Hause in einer

Pfanne und machte oft Zwiebeln und Bratkartoffeln dazu. Leider neigte er dazu, das Essen zu versalzen, aber davon abgesehen waren sie köstlich, hatte ich doch bisher noch nie Pilze gegessen.

Klassenlehrer Ludwig war ein väterlicher Typ und kümmerte sich sehr um seine Schüler. Auch er tadelte mich, wenn ich wieder eine Rauferei angezettelt hatte, aber nicht vor anderen. Er nahm mich beiseite und sagte eindringlich: »Du bist ein labiles Kind ohne Eltern und musst besser lernen, dich zu beherrschen, du kannst es aber schaffen!«

Ich fragte dann Frau Stegmann, was labil heiße, und nahm mir danach fest vor, an mir zu arbeiten, um härter und stabiler zu werden. Damals in Ober-Gleen war ich als Scheidungskind ohne Vater oft von anderen gehänselt und provoziert worden, jetzt war ich hier das Kind aus der Pflegefamilie, ohne Eltern, aus »schwierigen Verhältnissen« stammend. Meine innere Aggressivität führte oft zu Rangeleien und Kämpfen mit meinen Mitschülern. In der Vergangenheit hatten sie gegen mich meistens keine Chance, war ich doch stärker und vor allem brutaler und trickreicher beim Zuschlagen. Jetzt, an der Brüder-Grimm-Schule, gab es den für mich nachteiligen Effekt, dass viele meiner Klassenkameraden mich an Stärke und Körpergröße überholten, da sie anscheinend eher und schneller zu Erwachsenen wurden. Ich verlor immer mehr Auseinandersetzungen und bekam böse Blessuren ab, an Kinn und Wangenknochen, Händen und Rippen.

Frau Stegmann, die gelernte Krankenschwester, verarztete mich immer kopfschüttelnd und ein wenig vorwurfsvoll. Drei Monate vor dem Ende der Schulzeit musste ich die Familie Stegmann verlassen, da sie wieder Nachwuchs erwarteten und sie mein kleines Zimmer für Ilse brauchten. Ich war jedoch so weit stabilisiert, dass ich die Zeit, die noch verblieb, bis zum Schulende wieder mit meiner Mutter zusammen in Cappel verbringen konnte und dort zurechtkam. Ich schwänzte nicht mehr die Schule, lernte fleißig, um ein gutes Abschlusszeugnis zu bekommen, und provozierte nur noch selten Auseinandersetzungen. Lehrer Ludwig mochte den Kunstunterricht besonders. Da ich gut zeichnen konnte und auch mit Wasserfarben recht ordentliche Bilder hinbekam, hatte er mir den Tipp gegeben: »Wenn du demnächst wieder ziemlich alleine bist, male doch Bilder oder Grafiken, und wenn du ein paar zusammenhast, bring sie mit, ich schaue sie mir gerne an!«

Er schenkte mir Stifte und Farben und ermahnte mich eindringlich mit den Worten: »Du musst dein Leben selber in den Griff kriegen, ohne dauernd anderen die Schuld zu geben. Nur dann kann etwas aus dir werden!« Das beherzigte ich und malte anfangs viele Bilder ab, mit Wasserfarben oder auch als Bleistiftzeichnungen. Aus dem Kopf, aus eigener Fantasie konnte ich nur grafisches Zeichnen, wie Dreiecke, Kreise und Quadrate, die ineinander übergingen, unterschiedlich schattiert. Frau Fuß, unserer Vermieterin, hatte ich zum Geburtstag ein Aquarell-Stillleben gemalt, die Vorlage war ein kleines Bild aus einer Zeitung. Das war echt gut gelungen, sie hat es sogar rahmen lassen und in ihrem Wohnzimmer aufgehängt. Sie war eine großzügige Frau, die mich oft zum Mittagessen einlud.

Kapitel 7

In der Zwischenzeit hatte meine Mutter, nach einigen eher lockeren Männerbekanntschaften, ein festes Verhältnis mit einem Teilnehmer der Gehschule angefangen. Paul Ostermann trat in unser Leben! Ihn mochte ich vom ersten Moment an, und wie bei allen, die auf den Plan traten, sah ich in ihm auch gleich einen potenziellen neuen Papa. Er kam aus Kassel, war damals, glaube ich, um die fünfzig Jahre alt, hatte dünne, fettige Haare, die er mit Brisk nach hinten kämmte, war ein bisschen korpulent und hinkte mit seiner neuen Beinprothese ziemlich stark. Das künstliche rechte Bein schwenkte er in einem leichten Außenbogen, und zur Unterstützung hatte er noch einen schwarzen Gehstock dabei.

Das Bein hatte er im Zweiten Weltkrieg verloren. In Russland auf dem Rückzug der deutschen Armee hatte sich »der Russe« in einem Dorf eingeschanzt. Paul und seine Kameraden wurden in ein Gefecht verwickelt, in dessen Verlauf ein Feuerstoß aus einer Maschinenpistole genau auf ihn »zugelaufen« war und ihm von unten nach oben das Bein zerschossen hatte. Schmerzen hatte er in dem Moment nicht verspürt, entsetzlich sei gewesen, dass das Blut oberhalb seines Hosengürtels rausgequollen sei. Seine Kameraden hatten ihm das Bein oben, so gut es ging, abgebunden, ihn mitgeschleift und letztlich gerettet. Dieses Ereignis erzählte er immer wieder mal, ich glaube, sein Beinverlust und die Kriegsereignisse kamen ihm auch nach knapp zwanzig Jahren immer noch täglich in Erinnerung. Manchmal liefen ihm beim Erzählen auch ein paar Tränen die Wangen runter, vor allem wenn es um den Tod einiger Kameraden ging. Dann holte er ein großes Taschentuch hervor, schnäuzte kurz hinein und sagte: »Ich habe noch Glück gehabt, so ein Scheißkrieg, und für was?«

Er hatte ein gutmütiges Gesicht mit leichten Wangengrübchen, war meistens gut gelaunt und ein lieber Kerl. Ich verstand zwar nicht, wie meine Mutter ihn lieben konnte, denn gut aussehend war er nicht, nimmt man einmal Biel zum Vergleich, aber ich war froh, dass sie wieder einen Mann hatte. Ich war bei jedem Neuen froh und hoffte auf eine dauerhafte Beziehung, denn dann wurde ich weniger in ihre Probleme einbezogen, hatte mehr eigene Freiheiten, ansonsten wollte ich prinzipiell eigentlich nichts von ihren Männergeschichten wissen. Paul und seine ganze restliche Familie — mit Fritz, Ilse und Margret — kamen zu Besuch aus Kassel, um uns kennenzulernen. Seine Frau war an Krebs verstorben, und mit meiner Mutter hatte er sein vermeintlich neues Glück gefunden.

Das Schulende nahte, und ich wusste nicht, was ich für einen Beruf erlernen sollte. Ich wollte die Aufnahmeprüfung auf der Hotelfachschule in Marburg machen, weil Mutter meinte, Koch wäre doch was, oder vielleicht könnte ich danach in einem Hotelbetrieb arbeiten. Als die Aufnahmeprüfung stattfand, lag ich jedoch tagelang mit sehr hohem Fieber im Bett, da ich eine Pockenimpfung nicht vertragen hatte. Die erste, die man normalerweise mit ungefähr einem Jahr bekommt, hatten sie nach dem Krieg versäumt, oder der Impfstoff war nicht aufzutreiben gewesen.

An einem bestimmten Tag, ich habe die Situation noch genau vor Augen, sagte Paul, als er uns in Cappel besuchte: »Ich hab gesehen, wie du neulich den Stecker einer Stehlampe repariert hast, du hast sicher dazu eine Begabung. Weißt du was, mein Lehrgang ist hier sowieso beendet, und ich muss wieder nach Kassel zurück. Deine Mutter und ich wollen auch zusammenziehen, und ich kenne den Besitzer eines Elektro- und Fernsehgeschäftes, den frage ich, ob du ab dem ersten April eine Lehrstelle bei ihm bekommen kannst, was hältst du davon?«

Tja, was sollte ich davon halten? Ich kannte Paul kaum! Wie ich ihn so erlebte, hielt ich ihn für zuverlässig, aber ich wusste nicht, was in der Lehre auf mich zukommen würde, vielleicht Stecker, Lampen und Radios reparieren? Ich hatte noch ein sehr gutes Abschlusszeugnis hinbekommen, und so würde ich auch sicher eine Lehrstelle kriegen, meinte Paul. Meine Mutter musste noch ein halbes Jahr in Marburg ihren Arbeitsvertrag mit der Gehschule erfüllen und würde dann später nachkommen. Mir blieb nichts anderes übrig, und mir fiel auch nichts Besseres ein, also fuhr ich zusammen mit Paul Ostermann in seinem beeindruckenden 17M-Ford – mit Handautomatik! – nach Kassel, in seine kleine Dreizimmerwohnung in einer Arbeitersiedlung in der Hebbelstraße.

Hier waren die Häuser in langen, parallelen Reihen angeordnet, eins sah aus wie das andere. Ich schlief mit Paul und seinem 25-jährigen Sohn Fritz zu dritt im alten Ehebett. Ich lag in der Mitte zwischen den beiden, über der Ritze, in die eine Wolldecke gestopft wurde. Seine beiden Töchter Ilse und Margret schliefen zusammen in einem anderen Zimmer. Paul suchte in den nächsten Wochen eine Wohnung, in die er mit meiner Mutter und mir einziehen wollte, wenn sie später nachkam.

Am 1. April 1962 fing ich in der Firma Vesper am Friedrichsplatz in Kassel eine Lehre als Elektroinstallateur an. Zusammen mit neun anderen Lehrlingen stand ich im Keller der Firma in einem nagelneuen Blaumann. Wir bekamen erste Instruktionen und wurden danach gruppenweise auf Baustellen verteilt. Ich kam zusammen mit vier anderen auf den großen Rohbau des Landgerichtes und des Amtsgerichtes in der Frankfurter Straße, nicht weit vom Firmenhaus entfernt. Mit meinen Vorstellungen von wegen »Stecker und Radios reparieren« wurde ich alsbald drastisch desillusioniert! Was auf mich zukam, war harte Knochenarbeit am Rohbau mit Hammer und Meißel, Gips und Dübeln. Dieser Rohbau hatte Stahlbetondecken und -wände. Kabelkanäle, Steckdosen und alle möglichen Löcher mussten gestemmt werden, weil dafür während der Betonschalung keine Einsparung vorgenommen worden war.

Wenn ich abends erledigt mit dem Fahrrad nach Hause fuhr, schaffte ich vor Kraftlosigkeit die Ihringshäuser Straße nur zur Hälfte hinauf. Ich weiß noch, dass ich mir pro Woche immer ein Stück Häuserfront mehr vornahm, aber erst nach ein paar Wochen schaffte ich es, auch ganz bis nach oben zur Querstraße zu fahren, ohne abzusteigen.

Das Leben mit den Ostermanns war trotz des beengten und armen Wohnens angenehm, da alle vier ziemlich viel Humor hatten und wir viel rumkasperten und Spaß hatten. Oft saß ich zwischen Ilse und Margret, die beide um die zwanzig waren, auf dem Sofa, und sie knuddelten an mir rum beim Fernsehen, für sie war ich der kleine süße Bruder! »Es darf gelacht werden, Zusammenschnitte aus der Stummfilmzeit« war unsere Lieblingssendung, und dabei brüllten wir alle nur so vor Lachen. Freunde hatte ich in dieser Siedlung auch schnell gefunden, wir spielten Fußball und waren abends nur auf der Straße oder im umliegenden Gelände.

In dieser Zeit ereigneten sich auch meine ersten sexuellen Begegnungen und Erlebnisse.

Zuerst unter uns Jungen, wir hatten eine Gartenhütte als geheimen Ort ausgewählt, die einem Opa der Freunde gehörte, der aber abends nie zu sehen war. Hier holten wir oft unsere Schwänze raus, es wurde gemessen, wer den längsten hatte oder den dicksten. Ständer hatten wir dann alle, alberten blöd rum oder machten Wettwichsen. Manchmal war auch Hartmut dabei, der war etwas älter und hatte den absolut Größten. Die anderen kannten ihn schon und erzählten mir, dass er, wenn es ihm kam, einen ganzen abgeschraubten Fahrradklingeldeckel vollspritzen könnte. Das hat er nicht nur einmal bestätigt. Er hatte auch schon eine Freundin, und zu unserer Freude war die auch manchmal dabei. Christa war wie wir auch erst 14, und oft holte sie ihm einen runter für den Klingeldeckel. Wenn sie es machte, ging es schneller bei ihm. Dabei war ihr Mund leicht geöffnet und sie bekam ganz rote Flecken im Gesicht und rutschte unruhig hin und her. Ficken durfte er sie in unserer Anwesenheit nicht, aber sie hat uns allen einmal ihre Muschi gezeigt. Nur kurz, und viel sehen konnte man da nicht, anfassen dürfe sie nur Hartmut, wenn sie alleine seien.

Diese Sexspiele erregten alle sehr, und wir Jungs holten uns danach schnell einen runter. Es gab noch eine interessante Variante in dieser Hütte. Wem sie eingefallen war, weiß ich nicht mehr, alle mussten mitmachen und ihre Hosen runterlassen, dann wurden die Arme vor der Brust verschränkt, und nach dem Start musste man sich mit offenen oder geschlossenen Augen was Geiles vorstellen. Wer als Erster einen richtigen Ständer hatte, ohne sich selbst zu berühren, war der Sieger. Da hat Hartmut zur Freude von uns anderen meistens nicht gewonnen. Dabei stellte ich mir oft Margret vor, ich hatte sie manchmal ganz oder halb nackt gesehen, wenn sie vergessen hatte, das Bad abzuschließen. Ich probierte immer die Türe, wenn sie badete, manchmal denke ich, dass sie auch absichtlich nicht abgeschlossen hat. Sie hatte eine tolle Figur, mit kleinen, abstehenden Brüsten, und in meiner Fantasie träumte ich davon, wie es mit ihr wäre.

In diesem Jahr heiratete sie! Der Auserwählte war ein Freund von Fritz. Die Hochzeitsfeier nach der Kirche stieg auf irgendeinem Gartengrundstück. Dort gab es eine Gartenhütte mit einem großen Hauptraum und kleinen Nebenräumen, vielleicht war es auch das Domizil eines Campingclubs, jedenfalls war nach fast zwei Stunden die ganze Hochzeitsgesellschaft ziemlich angetrunken, und es ging hoch her. Da ich auf der Baustelle vor Kurzem das Zigarettenrauchen mühsam erlernt hatte — mir war anfangs dauernd schlecht und schwindelig —, ging ich bei dieser Feier ab und zu mal raus, um eine zu rauchen, die anderen sollten es noch nicht wissen. Plötzlich sah ich von draußen durch ein kleines Fenster in einem dieser kleinen Räume, wie Margret und ihr Frischgebackener reinkamen und regelrecht übereinander herfielen. Ich sah fasziniert zu, wie sie erst wild knutschten, sich dann Margret ihr Hochzeitskleid hoch und den Schlüpfer nach unten riss. Heinz, ihr Mann, hatte sich seine Hose nach unten gestreift und fuhr mächtig zappelnd und grunzend von hinten bei ihr ein. Sie lag mit der Brust vornübergebeugt auf einem Tischchen und streckte ihm stöhnend ihr Hinterteil entgegen. Das ging eine Weile so, bis es ihm kam und er noch lauter stöhnte. Auch Margret schien damit zufrieden zu sein, sie ordneten ihre Klamotten und gingen wieder zu den anderen rein, um weiterzufeiern. Sie hatten es wohl nicht aushalten können, noch länger zu warten, mich haben sie nicht gesehen. Danach musste ich erst eine Weile »abkühlen«, bevor ich auch wieder reinging, denn es hatte mich gewaltig erregt, ihnen zuzusehen.

Als meine Mutter nach Monaten auch nach Kassel kam, zogen wir zusammen nach Heiligenrode, einem kleinen Vorort, in eine moderne Neubauwohnung. Ilse war auch mitgekommen und bewohnte eine kleine, schöne Wohnung im Dachgeschoss darüber. Ich schlief im Wohnzimmer auf unserer alten Klappcouch, das Ding hatte auch schon einige Umzüge mitgemacht. Anfangs war das Leben sowohl in dieser schicken neuen Wohnung als auch in diesem Ort herrlich. Ich hatte eine komplette Familie, lernte Freunde kennen und war zufrieden.

Heiligenrode hatte ein kleines Kino, das — von den Filmen mal abgesehen — hauptsächlich interessant war, wenn man ein Mädchen eingeladen hatte. Hier fanden die ersten Knutschversuche mit Elisabeth statt. Ein Mädchen ins Kino einzuladen war gleichbedeutend damit, sie zu küssen und mit ihr zu knutschen, wenn sie ja gesagt hatte. Das war wie eine geheime Absprache ohne Worte. Die Jüngeren mussten in den vorderen Reihen sitzen, die Älteren hinten in der Loge. Dort ging es schon richtig zur Sache bei manchen Pärchen, da war manche Hand »verschwunden«!

Leider gab es zunehmend Streitereien zwischen Mutter und Paul, die immer heftiger und drastischer ausfielen. Paul kümmerte sich hier und da natürlich auch um seine Tochter Ilse, was meiner Mutter nicht zu passen schien. Mit seinem typischen Kasseler Slang — meine Mutter nannte ihn Breitmaulfrosch — ging er ihr mehr und mehr auf die Nerven. Was sonst noch zwischen den beiden verkehrt lief, weiß ich nicht. Sie stritten oft, und sie beschimpfte ihn mit üblen Ausdrücken. Das kannte ich in dieser Form noch nicht von meiner Mutter. Die Ausdrücke variierten von Drecksack über Schlappschwanz bis Sauhund. Manchmal hielt ich zu ihm, denn ich konnte nicht erkennen, dass sein Verhalten solche Worte rechtfertigten, und er tat mir leid. Dass schon wieder ein Verhältnis scheitern würde, konnte meine Mutter wohl schlecht verkraften und weinte oft lange darüber. Trotz aller Bemühungen und Versöhnungsversuche war es aus, und die beiden trennten sich kurz darauf. Schon hatte das schöne Leben ein jähes Ende!

Kapitel 8

Wir zogen in Heiligenrode in eine hässliche Keller-
wohnung, die einen schlimmen Kontrast zur Wohnung
mit Paul darstellte. Es gab nur einen einzigen Raum,
der zugleich Schlafraum, Ess- und Wohnecke war.
Die Wohnecke bestand aus der alten Schlafcouch,
die tagsüber hochgeklappt war, und einem kleinen
Beistellschränkchen. Diese Ecke war mit einem braun-
gefärbten, hässlichen Vorhang vom Restraum mit Mutters Bett abgetrennt. Die Toilette mit Waschbecken
war am Ende des Kellerflurs. Meine Mutter hatte im
Haus nebenan eine Stelle als Haushälterin angenommen. Ihre Chefin war die Frau eines Fabrikanten, der
Bagger herstellte. Sie schienen viel Geld zu haben und
mehrere Immobilien. Die Chefin hatte Nino, ihren Sohn
aus erster Ehe, mit in die neue Beziehung gebracht. Er
hatte vorstehende Zähne und wohnte im Haus über
uns in der Dachwohnung mit seinen Großeltern. Sein
Stiefvater wollte ihn nicht um sich haben. Wir spielten
oft zusammen, aber so richtig gut leiden konnte ich
ihn nicht.

Ich machte auf Drängen meiner Mutter die Aufnahmeprüfung für die Abendschule, die als Ziel die Realschulreife hatte, und obwohl ich in der Berufsschul-
klasse eher einer der schlechteren Schüler war, weil
mich das alles nicht interessierte, bestand ich die Prüfung als Einziger aus der Klasse. Mein Klassenlehrer
wunderte sich offen vor der Schülern darüber. Aber
diese Abendschule anzufangen war von Anfang an

zum Scheitern verurteilt. Wenn ich den ganzen Tag auf dieser Gerichtsbaustelle gearbeitet hatte, war ich abends nicht mehr fähig, zwei bis drei Stunden Bildung zu betreiben, zumal ich völlig ohne Motivation war. Auf dieser Abendschule wurde der Grundstein für meine Mathematik-Aversion gelegt. Als es mit Algebra, dem damals sogenannten Buchstabenrechnen, anfing, abstrakt zu werden, verstand ich das nicht gleich, und der Mathe-Lehrer, Herr Marquart, sagte nach kurzer Zeit vor der ganzen Klasse: »Peter, ich glaube, du wirst das nie verstehen!« Ich gab ihm recht und bemühte mich auch nicht mehr weiter darum.

Nach ein paar Monaten bin ich einfach abends nicht mehr hingefahren, meiner Mutter verschwieg ich das und verbrachte die Stunden in der Stadt. Wenn ich etwas Geld hatte, ging ich ins Kino, oder ich verbrachte die Zeit mit meinem Klassenfreund Herbert in den Kneipen von Heiligenrode. Wir hatten uns darauf spezialisiert, die verschiedenen Spielautomaten auszutricksen, um hier und da etwas Geld einzuheimsen. Nicht lange, und wir durften nicht mehr spielen, war es doch erst ab 18 erlaubt, wie dann den Inhabern einfiel. Solange wir Geld reinsteckten, war es wohl egal. Natürlich flog mein Abendschulschwänzen bald auf, und wir hatten einen Riesenkrach zu Hause. Mutter war sehr enttäuscht und machte mir heftige Vorwürfe. Sie rackere sich für mich ab, und das sei jetzt mein Dank dafür!

Alsbald endete auch dieses Arbeitsverhältnis meiner Mutter in einem Krach mit der Chefin, warum auch immer, und wir zogen nach Kassel in die Wilhelmshöher Allee in eine kleine Dachwohnung im 4. Stock. Mutter arbeitete nun in einem Lebensmittelgeschäft im Parterre dieses Hauses als Putzfrau und Aushilfsverkäuferin.

Ab und zu besuchte ich tagsüber, meist in der Mittagspause, Paul Ostermann, der in der Innenstadt in einer großen Sparkasse als Archivar angestellt war. Als ich ihn das erste Mal aufsuchte, bemerkte ich sein zurückhaltendes, ja scheues Verhalten. Er benahm sich so, als hätte er Angst oder Hemmungen, sich normal zu benehmen; er flüsterte fast, als er mit mir sprach. Ich fragte, warum er denn so leise rede, was denn hier los sei. Er winkte ab und meinte: »Ich kann froh sein, diese Stelle hier gekriegt zu haben, wer nimmt denn heutzutage einen Krüppel?« Ich besuchte ihn öfters mal, meistens pumpte ich ihn um zwei oder drei Mark an, sodass er bald gleich als Erstes fragte, ob ich wieder Geld brauchte. Und ich solle nicht so oft kommen, mit meinem verdreckten Blaumann mache das in dieser Bank keinen guten Eindruck, es falle letztlich auf ihn zurück.

Ich wusste, dass er wieder über meine Mutter wehklagen würde, wenn wir ins Gespräch kamen, sie, die ihn so schlecht und herablassend behandelt habe. Das Verhältnis mit ihr hing ihm immer noch nach. Nach einer Weile machte ich mir das zunutze und erzählte ihm erdachte Geschichten mit neuen Liebhabern meiner Mutter und wie schlecht sie mich oder die anderen Männer behandeln würde. Dann fühlte er sich bestätigt und war viel freigiebiger. So erhielt ich einmal aus Mitleid zwanzig Mark von ihm, weil ich ein teures

Schulbuch verschludert hatte und es nun meiner Mutter hätte beichten müssen und harte Strafen von ihr zu erwarten hätte. Er hatte kein Geld dabei, vertröstete mich jedoch auf den nächsten Tag, dann werde er es mir zuliebe besorgen, was er auch tat. Das Buch hatte ich natürlich nicht verloren, er war halt ein lieber Kerl mit einem weichen Herzen, und sicher fühlte er sich nach seiner guten Tat auch gut, redete ich mir ein. Ich dagegen fühlte mich ziemlich mies, hatte aber zwanzig Mark, das war für mich ein halber Monatslohn, damit konnte ich Zigaretten und Romanheftchen kaufen und ins Kino gehen. Im Kasseler Hauptbahnhof war das Bambi-Kino. Hier liefen die Filme in einer Endlosschleife, man konnte kommen und gehen, wann man wollte, oder auch länger bleiben und den Film zweimal sehen.

Wieder ein paar Monate später mussten wir abermals ausziehen, meiner Mutter war fristlos gekündigt worden. An diesem Abend weinte sie ohne Unterbrechung, schluchzte und schrie: »So ein Scheißleben, was habe ich denn verbrochen?« Den Grund für die Kündigung erfuhr ich am nächsten Tag. Sie war erwischt worden, wie sie ein paar Orangen gestohlen hatte, eigentlich habe sie das für mich getan, damit ich Vitamine bekomme, und um sie zu bezahlen, habe das Geld nicht gereicht. Ich war also mal wieder derjenige, der das zu verantworten hatte, und überhaupt sei das Leben ohne mich viel leichter für sie. Als ich antwortete: »Es ist doch nicht meine Schuld, dass es mich gibt«, bekam ich noch zwei schallende Ohrfeigen, weil ich so rotzfrech war!

Wir packten unsere drei Sachen, und ab ging es in die Dörnberger Straße in Kassel. Meine Mutter nahm eine Ganztagsstelle als Aushilfe und Putzfrau im städtischen Krankenhaus an. In diesem Jahr bekam ich immer mehr Schwierigkeiten an meinem Arbeitsplatz, zeichnete sich doch die Lehre als Elektroinstallateur als großer Irrtum für mich aus. Jeden Tag, den ich im Rohbau des Amts-und Landgerichtes Kassel verbringen musste, empfand ich als vertan und hasste es, jeden Morgen aufs Neue dort hinzugehen. Über 18 Monate steckte ich nun schon in diesen Betonklötzen: Schlitzestemmen für Elektrokabel und Steckdosen, Abzweigdosen und vergessene Kabelkanäle, alles Mögliche an Kabeln vergipsen, mit grobem Material hantieren, Dreck, Kälte und Nässe im Herbst und Winter – es war unerträglich.

Das ganze Gelände der drei Gerichtsgebäude wurde eines Tages mit einem hohen Bretterzaun umgeben, und außen patrouillierte Wachpersonal. Man hatte an höherer Stelle beschlossen, Gefangene als Hilfsarbeiter einzusetzen. Sie sollten was zu tun haben und gleichzeitig als billige Arbeitskräfte alle möglichen einfachen Tätigkeiten ausüben. Sie standen an den Mischmaschinen, zogen Nägel aus Schalbrettern und reinigten die Etagen. Da es eine sehr große Baustelle war, gab es jede Menge Ecken, Winkel und Räume, in denen man sich lange verpissen konnte. Anfangs waren uns die schweren Jungs unheimlich, aber schon bald knüpften sie mit uns Kontakte, quatschten uns ständig an, ob wir mal dieses oder jenes »besorgen« könnten. Ich besorgte ihnen nichts, das war mir zu gefährlich, aber ich stand manchmal Schmiere.

Einige von den Knackis waren echte Organisationstalente, und so hatten sie öfters auch Nutten eingeschleust. In einem versteckt liegenden Raum, den wir selbst oft nutzten, um uns zu verdrücken und dort um Bierflaschen zu knobeln, hatten die Jungs dann ein regelrechtes Liebeslager eingerichtet. Als Unterlage diente Glaswolle mit einer Papierschicht aus Zeitungen darüber und herbeigeschaffte Wolldecken obendrauf. Hier wurde dann für Geld gevögelt, was das Zeug hält. Fürs Schmierestehen bekamen wir 'ne Mark, oder wir hätten auch mal mit den Damen »gekonnt«, was ich aber ablehnte. Ich war zwar kein Romantiker, aber das kam für mich nicht infrage, weder die Damen noch die Situation waren für mich annehmbar. Manchmal konnte ich heimlich, aus verstecktem Winkel, kurz sehen, wie sie es trieben. Sehr beliebt war es bei den Gefangenen, wenn die Nutten ihre Schwänze lutschten.

Die Stimmung unter uns Lehrlingen auf dieser Baustelle war meistens mies, denn als Lehrling stand man in dieser Zeit in der Hierarchie ganz unten und musste täglich erst mal die Herrn Gesellen und den Baustellenleiter bedienen, Material herbeischaffen und vor allem Frühstück holen und die Baubude säubern. Für die Mittagspause wurde man rechtzeitig losgeschickt, um im Blaumann voller Gips- und Dreckspuren in Kassels Innenstadt Fleischwurst, Fleischsalat, Kochschinken, Brötchen und sonstige Leckereien aus verschiedenen Metzgereien zu besorgen. Wenn dann einem der Gesellen irgendwas nicht passte, wurde man nochmal losgeschickt, um es zu reklamieren und neu zu besorgen. Das war hochgradig peinlich, denn in der Metzgerei, vor allen Leuten, in dieser Montur vorzutragen, dass etwas nicht in Ordnung sei an dem zuvor gekauften Fleischsalat, das brachte einen an seine Grenzen, war doch das nötige Selbstbewusstsein dafür nicht vorhanden. Meistens war es nur Schikane der Älteren gegenüber uns Lehrlingen. »Lehrjahre sind keine Herrenjahre«, wurde uns erwidert, wenn wir meckerten oder uns beschweren wollten, das hing uns schon zum Hals heraus.

Diese tägliche Routine von ungeliebter Arbeit und Erniedrigungen führte dazu, dass ich das alles immer mehr hasste, ich wollte es nicht mehr, und oft genug spielte ich mit dem Gedanken, einfach wegzulaufen, alles hinzuschmeißen und zu verschwinden. Aber wohin? Wovon leben? Meine Mutter einfach im Stich lassen? Das Verhältnis zu ihr wurde auch immer problematischer, war ich doch abends oft länger als von ihr erlaubt unterwegs, brachte schlechte Noten aus der Berufsschule mit, war aufsässig und gab ständig Widerworte.

Aber genau in dieser tristen und unschönen Zeit ereigneten sich zwei unerwartete, schöne Erlebnisse, die mich mein ganzes Leben lang positiv beeinflussen sollten. Ich hörte zum ersten Mal die Beatles im Radio und war einfach hin und weg von ihrer Musik. *She Loves You* war der erste Song, den ich hörte. Auch in der Moped-Gang, der ich als Soziusfahrer angehörte, waren alle infiziert von dieser neuen Musik. Wir besorgten uns die Texte, lernten sie auswendig und sangen und grölten bei jedem Treffen Beatles-Songs, und natürlich wurde jede Neuerscheinung gefeiert. Noch heute sind in der Erinnerung viele persönliche Erlebnisse an Songtitel gekoppelt. Wir fingen an, uns die Haare länger wachsen zu lassen, redeten oft gespickt mit englischen Ausdrücken daher, besorgten uns die »Boots« mit höheren Absätzen, die die Beatles eingeführt hatten, und wir eckten immer mehr bei den Erwachsenen an.

Aber es gab kein Zurück mehr, weder zu deutschen Schlagern noch zur typisch deutschen Lebenseinstellung. In dieser Zeit, um 1963/64, bedingt durch die autoritären Strukturen der Arbeitswelt und die allgemeine Denkweise der Erwachsenen, regte sich trotziger Widerspruch in uns. In dieser Zeit fühlten wir inneren Widerstand und Auflehnung, den konnten wir zwar nicht wortstark artikulieren, dafür waren wir viel zu ungebildet und unwissend, aber wir fühlten ganz stark, dass die Denkweise und Sprache der Kriegs- und Nachkriegszeit nicht mehr unsere war! Wir erfuhren, welche Aggressionen bei den Erwachsenen ausgelöst wurden, nur allein durch englische Musik und längere Haare! Wir wollten auch nicht mehr diese endlosen Geschichten aus dem Zweiten Weltkrieg hören und die meist noch verherrlichenden Schilderungen deutscher Landser-Taten. Wir waren zwar ungebildet, aber nicht verblödet, und konnten ganz klar fühlen, dass wir mit diesen alten Ansichten und Weisheiten der Eltern und Großeltern nichts mehr zu tun haben wollten.

All das machte das Leben natürlich nicht einfacher,

aber jetzt hatten wir etwas, wofür wir uns begeistern konnten, wir waren jetzt »in«, diese Musik wirkte wie ein Ventil.

Kapitel 9

Das zweite Ereignis dieser Zeit war noch prägender für mich, es war ein emotionales Erdbeben! Im Spätsommer des Jahres 1963 lernte ich Gabi kennen. Sie zog ein in das Mietshaus, in dem ich mit meiner Mutter wohnte, in eine kleine Wohnung, direkt auf unserem Flur gegenüberliegend. Sie klingelte an unserer Tür und stellte sich als die neue Nachbarin vor. Meine Mutter bat sie herein, und die beiden unterhielten sich darüber, was und wo man arbeitet, und über ganz allgemeine Dinge, die man so redet, wenn man sich kennenlernt. Sie war 24 Jahre alt und Pharmavertreterin. Ich wusste gar nicht, was das für eine Tätigkeit war, hielt aber meinen Mund und erfuhr im Laufe des Gespräches, dass es ein recht einträglicher Job sein musste, Ärzte in deren Praxen aufzusuchen und ihnen Medikamente anzupreisen.

Ich begegnete ihr in der nächsten Zeit nur hier und da im Treppenhaus, und ich war auch nicht übermäßig beeindruckt von ihr. Sie war zwar eine gut aussehende Brünette mit mittellangen, lockigen Haaren, die sie manchmal hochsteckte, aber ihr Alter kam für mich eher nicht in Betracht. Meine Mutter und sie trafen sich öfters, meistens in ihrer Wohnung, tranken Wein und quatschten stundenlang. Manchmal saßen sie auch in unserer Küche, und ich bekam mit, dass sie ein unglückliches Verhältnis mit einem verheirateten Mann hatte. Er war Anfang oder Mitte vierzig und Dirigent einer Kapelle, die im Kurhaus Wilhelmshöhe oder im

Kurpavillon auftrat und klassische Konzerte spielte. Oft weinte sie, weil er sie mal wieder versetzt hatte und bei seiner Familie war, statt sich mit ihr zu treffen.

Eines Abends hatte meine Mutter eine Verabredung und sagte, sie komme erst spät nach Hause und übrigens, Gabi werde heute Abend kommen, um sich einen bestimmten Film im Fernsehen bei uns anzuschauen, ihr Fernseher sei in Reparatur, wir könnten ja zusammen gucken. An den Filmtitel kann ich mich nicht mehr erinnern, jedenfalls war es ein Liebesfilm, in dessen Verlauf heftig geknutscht und gefummelt wurde. Gabi und ich saßen nebeneinander auf dem Sofa und starrten auf den Bildschirm. Ich wurde durch die Handlung, die Situation und meine Fantasien immer erregter, sodass sich meine Hose ausbeulte. Gabi musste es bemerkt haben, sie wurde ebenfalls unruhig, und ich erinnere mich noch genau an den Augenblick, als wir uns aneinanderpressten, dann wild und unkontrolliert knutschten, uns im weiteren Verlauf die Kleider vom Leib rissen und ich vor Erregung zitternd in sie eindrang. Ich kam schon nach kurzer Zeit laut stöhnend und dachte, *na toll, jetzt ist sie enttäuscht, und es ist vorbei*! Aber Gabi sagte: »Komm mit zu mir rüber«, und wir gingen in ihre Wohnung. Sie schüttete uns jedem ein Glas Whisky ein, tat ein wenig kalte Coca-Cola dazu und sah mich an: »Das war dein erstes Mal, oder?« – »Ja«, antwortete ich kleinlaut. –»Nun, Frauen können auch ›kommen‹, weißt du, wir brauchen dafür meistens ein bisschen länger als ihr. Komm, wir machen jetzt einfach weiter, und ich zeige dir, was mir guttut, das wird dir sicher auch gefallen.«

Sie zog mich mit in ihr Schlafzimmer, wir zogen uns ganz aus, küssten uns langsam und immer intensiver auf dem Bett, einander gegenüber kniend. Sie führte meinen Kopf zu ihren Brüsten und flüsterte: »Jetzt knutsch die beiden und lass deine Zunge kreisen, dann knabber vorsichtig an den Nippeln.« Ich war voller Begeisterung bei der Sache und wollte ihr natürlich imponieren! Ich bearbeitete ihre Brüste zart mit meiner Zunge, küsste sie zwischendurch, und währenddessen führte sie meine Hand zu ihrer Vagina und zeigte mir, wo ich sie streicheln sollte. Das war überraschend für mich, kannte ich das weibliche Geschlechtsteil doch überhaupt nicht und hatte die diffuse Vorstellung von einer Höhle, in die man möglichst tief eindringen musste und sich dann stoßend bewegen. Sie führte meinen Finger hauptsächlich an den oberen Teil ihrer Muschi und raunte mir heiser ins Ohr: »Spürst du diesen Knopf? Massier ihn langsam mit leichtem Druck!«

Je länger ich das tat, desto aufgeregter wurde sie und atmete schneller und heftig ein und aus. Jetzt merkte ich, was ihr gefiel, und es dauerte nicht lange, bis sie sich aufbäumte und ihr Schoß wild gegen meine Hand zuckte. Sie kam mit tiefem Stöhnen und zog, als es vorbei war, schnell meine Hand weg. Sie küsste mich noch weich und feucht eine Weile. Dann drehte sie mich auf den Rücken und setzte sich ganz langsam auf meinen wieder aufrecht stehenden Knüppel. Sie brauchte nicht lange auf mir zu reiten, und ich kam wieder, alleine ihr Anblick und ihre wippenden Brüste vor Augen waren zu erregend, um das länger auszuhalten. Sie legte sich neben mich und murmelte:

»Das war schön, oder?« Schön war gar kein Ausdruck! Von diesem Moment an war ich dieser Frau verfallen!

In den nächsten Tagen dachte ich geradezu permanent an sie. Ich schwebte zur Arbeit, ich ertrug alles, was sich dort ereignete, ja ich war plötzlich immun gegen Gemeinheiten, und ich konnte nicht erwarten, bis ich sie wiedersah. Ich glaubte ständig ihren Geruch in der Nase zu haben und onanierte heftig auf der Toilette, wobei das Erlebte wieder als Film vor mir ablief. Wir hatten nichts verabredet, und so lauerte ich permanent an der Tür zum Treppenhaus, ob ich ihre Schritte hörte. Wir konnten uns sowieso nur treffen, wenn meine Mutter auf der Arbeit war. Somit verging der Tag danach ohne sie.

Ich machte mir natürlich meine Gedanken, und je mehr Zeit verging, um so mehr befürchtete ich, dass der Abend mit ihr zwar ein ganz tolles Erlebnis für mich gewesen war, aber keine Aussicht auf Wiederholung bestand. Sie war viel älter, sie war angeblich verliebt in einen anderen, einen älteren, erfahrenen Mann. Der Abend musste ein Ausrutscher ihrerseits gewesen sein, eine Reaktion auf die Vernachlässigung durch diesen Mann, ich muss mich damit abfinden und es für mich bewahren, ja es als großes Glück ansehen, von dieser Frau überhaupt beachtet worden zu sein, grübelte ich. Selbst wenn ich nur ein Lückenbüßer gewesen sein sollte, war es trotzdem das Tollste, was mir in meinem Leben bisher passiert war! So und mit ähnlichen Gedanken präparierte ich mich innerlich, falls es das gewesen sein sollte. Gleichzeitig träumte ich davon, sie wiederzusehen, träumte von ihrem Körper und was ich alles mit ihr machen würde oder sie mit mir und wie ich sie beeindrucken könnte.

Am darauffolgenden Abend hörte ich ihre Türe ins Schloss fallen und ihre Schritte die Treppe hinuntergehen. Ich stürzte aus der Wohnung und erreichte sie weiter unten im Treppenhaus: »Hallo Gabi, ich würde dich gern sehen«, brachte ich atemlos hervor. Sie lächelte mich an und antwortete: »Morgen ist Samstag, ich habe frei, du kannst, wenn ich ausgeschlafen habe, so um elf Uhr bei mir klingeln, ja?« »Ja, ja klar, ich komme!« Mein Herz hüpfte vor Freude! Manchmal mussten wir samstags auch einen halben Tag arbeiten, doch an diesem nicht, meine Mutter hatte dafür Dienst im Stadtkrankenhaus, das passte alles prima! Sonst schlief ich an freien Samstagen auch länger oder las noch im Bett Heftchenromane, doch diesmal badete ich, tupfte hier und da dezent Tabac Eau de Cologne an mich, und pünktlich um elf klingelte ich an ihrer Tür. Sie machte mir im Bademantel gekleidet auf, küsste mich leicht und bat mich reinzukommen.

Wir setzten uns nebeneinander auf ihre moderne schwarze Ledercouch, redeten belangloses Zeug und rauchten eine Zigarette. Erst jetzt nahm ich ihre schicke Wohnungseinrichtung wahr, ein Couchtisch aus Glas, ein Marmortischchen neben dem Sessel, schöne Bilder an den Wänden, alles war hauptsächlich in Schwarz und Weiß gestaltet, mit Farbtupfern und modernen Accessoires auf einer Kommode, ein schönes Tischfeuerzeug – alles Dinge, die ich an dem wie im Rausch erlebten Abend überhaupt nicht wahrgenommen hatte! Irgendwann sagte sie: »Ich bin gern mit dir zusammen, aber ich glaube, du weißt auch, dass wir eigentlich keine Zukunft haben. Ich finde, wir sollten offen darüber reden und uns alles ehrlich sagen, was meinst du?« Ich weiß noch genau, was ich antwortete: »Ja, ich weiß, aber lass es noch eine Weile dauern, bitte mach noch nicht Schluss, ich brauche dich, und ich liebe dich!« Sie lachte, und während sie sich an mich schmiegte, flüsterte sie in mein Ohr: »Mach dir keine Gedanken, wir wollen den Tag genießen, ja?«

Die Stunden danach und auch die Wochen, die es noch dauerte, waren einfach fantastisch für mich. Mit einer unglaublichen Natürlichkeit zeigte sie mir, wie man seine Sexualität genießen und ausleben kann, ohne sich mies zu fühlen oder ein schlechtes Gewissen zu haben. Zwischendurch rauchten wir, manchmal kochte sie auch Kleinigkeiten, wir tranken Wein oder Whisky mit Cola, alberten rum, schliefen ein und liebten uns wieder. Manchmal wollte sie auch etwas heftiger rangenommen werden und forderte es von mir. Das war dann eher ruppiger Sex, quer durch die Wohnung oder wie regelrechte Ringkämpfe. Das lag mir zwar nicht so, denn es war schwierig für mich, es genau so hinzubekommen, dass sie es erregte, ich ihr aber nicht richtig wehtat. Zum Ende hin schmusten wir wieder schläfrig und zufrieden. Ich verstand immer ein bisschen mehr, wie sie fühlte und was sie wollte, sodass ich auch ihr Befriedigung verschaffen konnte, ja ich genoss es sehr, wenn ich sie zum Höhepunkt brachte.

Ich fragte sie, ob alle Frauen so seien wie sie, worüber sie lachte und meinte, das wisse sie nicht, sie könne es sich aber vorstellen. »Du wirst schon noch genügend kennenlernen, um das rauszufinden, da bin ich mir ganz sicher«, meinte sie lächelnd. Davon wollte ich jetzt aber nichts hören und wechselte das Thema.

Wir trafen uns immer bei ihr, meistens im Abstand von ein paar Tagen. Manchmal war sie sehr traurig, und es dauerte lange, bis ich sie aufheitern konnte. Ich fühlte, dass sie in solchen Momenten Komplimente brauchte, und hatte mir dafür schon immer kleine Geschichtchen ausgedacht, dass wir nach Italien verreisen könnten oder nach Paris: »Da wollen alle Verliebten hin, also lass uns abhauen!« Träumerisch blickte sie mich an: »Ja, Paris wäre schön«, dann lächelte sie wieder. Wenn sie ganz deprimiert war, nützten alle Worte nichts, nur Zärtlichkeit und Streicheleien munterten sie wieder auf, brachten sie wieder in die Gegenwart. Warum sie so traurig war, wollte ich nicht genau wissen, ich ahnte, dass es mit diesem anderen Mann zu tun haben musste und ihren Lebensumständen. Sie kam mir dann wie ein verlorener Vogel vor, ohne Orientierung und ohne Plan, in solchen Momenten fühlte ich mich sogar stärker als sie, konnte aber nichts tun. Einerseits hätte ich schon gerne gewusst, was sie mit diesem viel älteren Mann verband, aber meist blendete ich das aus, ich wollte keine Probleme, ich wollte nur mehr von ihr, mehr von diesem Schönen in dieser Insel von Wohnung, mehr von diesen Stunden in mich aufsaugen und, wenn es möglich wäre, sie irgendwie konservieren. Aber die Abstände unserer heimlichen Rendezvous wurden immer größer. Ob sie das meinetwegen so arrangierte, um mich sozusagen von ihr zu entwöhnen, weiß ich nicht, ich fragte auch nicht nach und machte ihr niemals Vorwürfe deswegen, denn dann, so befürchtete ich, wäre es wohl auf der Stelle aus gewesen.

Anfang 1964 zog sie plötzlich ohne Vorankündigung aus der Wohnung aus! Am Abend davor klingelte sie an unserer Tür und verabschiedete sich förmlich von meiner Mutter und mir; sie drückte fest und etwas länger meine Hand, sah mir in die Augen und hauchte im Beisein meiner Mutter: »Mach's gut, mein lieber Peter!« Ich war wie betäubt und konnte nur lakonisch »Ja, du auch« antworten. Später klingelte ich noch lange an ihrer Wohnungstür, doch sie machte nicht mehr auf, es war wohl vorbei! Ich hatte gewusst, dass dieser Tag kommen würde, aber dass er mich so hart treffen würde, hätte ich nicht geglaubt. Tagelang war ich deprimiert, ja regelrecht krank, und die Tränen liefen mir nur so, wenn ich alleine war. Es dauerte ein paar Wochen, bis ich diesen Verlust halbwegs verkraftet hatte und nicht mehr so litt wie kurz nach ihrem Auszug. Von meiner Mutter hatte ich erfahren, dass sie in Göttingen lebe, darum versuchte ich ihre Adresse oder Telefonnummer herauszubekommen, jedoch ohne Erfolg. Ich habe sie nie im Leben wiedergesehen.

Kapitel 10

Zunehmend kam mir meine Situation unerträglich vor, und ich haderte mal wieder mit den Umständen meines Lebens. Ich interessierte mich nicht für die Schicksale der anderen, meiner Kollegen oder für wen auch immer. Natürlich gab es ganz krasse und schlimme Schicksale. Viele Dinge, die in den Nachrichten kamen, Kriege und Gräueltaten. Natürlich waren diese Schicksale grausam und furchtbar, aber sie erreichten mein Inneres nicht, ich litt nicht mit anderen, ich litt nur unter meinen Lebensumständen und der vermeintlichen Ausweglosigkeit. Ich konnte auch keinen dafür Verantwortlichen finden, außer, wie schon so oft, mich selbst. Ich musste versuchen, mein Leben selber in die Hand zu nehmen und ihm eine andere Richtung vorzugeben! Aber wie? Ich war noch zu jung, um allein leben zu können, ich war nichts, ich hatte nichts, und ich konnte mir auch nichts Konkretes vorstellen. Bisher konnte ich selber nie etwas planen oder vorausdenken, was werden könnte, wohin ich mich wenden könnte, ich hatte auch keinen, der sagte: Mach dies oder jenes. Ich trieb dahin und hatte eine pessimistische Grundstimmung, trotzig und irgendwie verletzt, aber noch resignierte ich nicht. Ich dachte wieder einmal an Lehrer Ludwig, der mich als labil bezeichnet hatte. Ich wollte nicht, dass er recht hatte, wollte keine Heulsuse und auch nicht schwach sein.

Mehr und mehr verliefen die abendlichen Kneipenausflüge mit meiner Mopedgang aggressiver. Wir prügelten uns untereinander oder mit anderen. Meistens waren die anwesenden Mädchen Auslöser für Schlägereien, oder wir fuhren in die Aue, um Homosexuelle zu verprügeln, einfach so, weil die es ja verdienten. Das glaubten wir den Erwachsenen, hielten es für wahr, wenn sie die Homos als abartig diffamierten. Manche hatten so große Angst vor uns, dass sie uns ihre Portemonnaies gaben, Hauptsache, wir schlugen sie nicht. Die Aue ist ein großer Park mitten in Kassel und war abends oft Treffpunkt für die damalige Schwulenszene.

Von den Mädchen meiner Clique interessierten mich höchstens Heike und Moni, aber die gingen mal mit dem und mal mit einem anderen. Die jeweiligen Freunde prahlten öfters, wie gut die Fickerei mit ihnen wäre. Sie flogen wie Schmetterlinge von einem zum anderen und machten immer einen fröhlichen unbekümmerten Eindruck. Sie hatten mich auch angemacht, aber ich wollte nicht auf der Liste ihrer Sammelleidenschaft stehen. Vielleicht war es auch gar nicht wahr, was die Kumpels über sie erzählten, es hätte auf jeden Fall nichts mit Liebe zu tun gehabt, wenn ich mit einer von ihnen was angefangen hätte. In der Zeit mit Gabi hatte ich erfahren, dass zärtliche Gefühle, ja Liebe für mich wichtig waren, und das wollte ich wieder erleben, unbedingt. Ich hatte oft darüber gegrübelt, warum sie sich auf mich eingelassen hatte. Für mich war es nicht nur Sex, ganz klar, für mich war es Liebe gewesen. Sie konnte einen, so schien es, ansatzlos und ohne jegliche Vorgeschichte treffen, ich hatte es ja selbst erfahren!

Aber ich grübelte auch lange darüber, was es für Gabi bedeutet hatte. Mit der Zeit und etwas größerem Abstand wurde mir klar, dass es für sie keine Liebe war, sondern gelegentlicher, willkommener Sex mit einem anfangs unerfahrenen, aber unermüdlichen jungen Mann, der im richtigen Moment ihre Bedürfnisse nach Zuwendung, Zärtlichkeit, Sex und Anerkennung befriedigen konnte. Ich empfand mich dann zwar ein wenig als benutzt oder manipuliert, aber ich profitierte innerlich viel zu sehr von dieser Erfahrung. Ich hatte kurz erfahren, dass es auch noch eine andere Welt gab, eine Welt ohne Demütigungen, ohne Schläge, Schmutz und Grobheiten, eine Welt voller Zärtlichkeit und schöner Gefühle, ja eine Welt, in der ich etwas bedeutete, wenn auch nur für kurze Zeit. Wenn ich ohne Bedeutung wäre, hätte sie mich nicht wieder und wieder geliebt, das war für mich die Wahrheit!

Die Zeit trieb so dahin, ich versuchte, Englisch zu lernen, aber nur das Englisch aus den Texten der Beatles, Stones und Kinks, um zu verstehen, was sie sangen. Ich verschlang *Jerry-Cotton* und *Kommissar-X*-Romane. Mutter hatte ein paar Bücher, an *Narziß und Goldmund* von Herrmann Hesse kann ich mich erinnern, aber das war in komischer, alter Schrift geschrieben und interessierte mich nicht.

Anfang des Jahres 1964 spitzte sich der Frust über die ungeliebte Arbeit durch ein Ereignis zu, das zum Abbruch meiner Lehre führte. An einem Montagmorgen fuhr ein VW-Bus der Firma vor, und uns Lehrlingen wurde mitgeteilt, dass wir mitkommen sollten auf eine andere Baustelle in der Holländischen Straße.

Ich fragte, was das denn für eine Baustelle sei und wie lange wir dort bleiben sollten. Es sei ein neuer Rohbau und wir würden auf Dauer dort bleiben, sagte man uns. Ich fragte nach: »Jetzt, wo wir hier in den Gerichtsgebäuden die Feinarbeiten machen könnten, wie Schaltungen verdrahten, Motoren für Jalousien anschließen oder Lampen aufhängen, jetzt, wo alles verputzt und sauber ist, die Aufzüge schon laufen, jetzt sollen wir hier weg?« — »Ja, so lautet die Order aus dem Büro«, teilte uns der Fahrer mit.

Ich ging zu unserem Baustellenleiter Buchhammer und fragte ihn, was er davon halte. »Da kannst du nichts machen, wenn die das so bestimmen, sind wir machtlos«, sagte er. Aber ich bat ihn, mit mir in die Firma zu gehen, um das dort zu klären. Er weigerte sich, und so ging ich alleine in unser Büro am Friedrichsplatz und bat darum, Herrn Heinrich sprechen zu dürfen, er war Meister und für uns Lehrlinge zuständig. Firmeninhaber Vesper war zufällig auch anwesend, und sie fragten mich, was denn vorliege. Ich fragte sie, ob es denn stimme, dass wir auf einer neuen Baustelle quasi von vorne anfangen und schon wieder auf einem Rohbau arbeiten sollen, statt die schönen Arbeiten, die jetzt in den Gerichtsgebäuden anstünden, fertigzustellen. Sie sagten ja, das stimme, und sie fragten, woher ich überhaupt die Frechheit nähme, solche Fragen zu stellen? Ich bekam einen vor Wut und Aufregung hochroten Kopf, als ich antwortete: »Wenn das wirklich so ist, höre ich sofort auf und schmeiße alles hin!« Sie warfen mich aus dem Büro und befahlen mir, am nächsten Tag mit meiner

Mutter wiederzukommen. Das müsse mit ihr geklärt werden!

Meine Mutter war nach dieser Nachricht völlig aus dem Häuschen. Nach anfänglichem Anschreien und Drohen fragte sie mich, wie das denn weitergehen sollte. Ich wusste es auch nicht, ich wusste nur ganz klar, dass ich nicht auf einen neuen Rohbau gehen würde. Schon die ganzen Wochen vorher waren noch nicht konkret durchdachte Vorstellungen in meinem Inneren vorhanden, eine Grundstimmung, die mir sagen wollte: *Ich will so nicht mehr weiterleben!* Jetzt wurden sie mir bewusst, aber wie sollte es weitergehen? Nun gingen wir am nächsten Tag ratlos zur Besprechung in die Firma. Die verhielten sich wieder sehr aggressiv und machten mir erst mal klar, dass ein Lehrling überhaupt keine Forderungen zu stellen habe, und ich solle doch auch mal an meine Mutter denken, die sei ja mit so einem Früchtchen wie mir schon gestraft genug. Ich war zwar sehr aufgeregt, blieb aber hart, und es fehlte nicht viel und ich hätte noch Ohrfeigen bekommen. So verließen wir völlig aufgewühlt die Firma und gingen wie Fremde die Straßen entlang, ohne Worte zu wechseln, wie zwei verlorene Seelen nach Hause.

Ich nehme an, Mutter hatte sich mit Heinrich Lutrop, ihrem neuen Freund, beraten. Jedenfalls sagte sie mir am nächsten Tag, dass sie mit mir nicht mehr klarkomme und deshalb einen Termin beim Jugendamt ausgemacht habe. So gingen wir zwei Tage später zu Fuß zum Jugendamt, sie auf der einen Straßenseite, ich auf der anderen. Dort begrüßte uns ein ungefähr

25-jähriger Mann, der sich alles von meiner Mutter an-hörte und mich dann fragte: »Was willst du denn jetzt machen?« Ich antwortete sehr überzeugt »Ich weiß nicht, was ich machen soll, aber ich will auf jeden Fall von zu Hause weg und nicht mehr in die Firma Vesper gehen!« Er grübelte laut darüber nach, wie man das hinkriegen könne, war es doch unmöglich, dass ein gerade mal 16-Jähriger alleine wohnen und eine neue Lehre anfangen konnte. Nach einer Weile fiel ihm ein, dass das nur gehe, wenn Lehrstelle und Wohnen kom-biniert seien. Er holte einen hellbraunen Karteikasten aus Holz hervor und ging die einzelnen Karten durch. »Mmh ... Seemann wäre möglich, was meinst du?«

Seemann wollte ich nicht. Im Hotelfach wäre die Möglichkeit auch gegeben, aber da hatte er momen-tan nichts in seinem Kasten. »Kannst du Tiere leiden?«, fragte er. »Mein Opa hatte den Bauernhof, und ich bin eine Zeit lang mit Tieren aufgewachsen«, bemerkte ich und er sah mich an: »Melker kannst du werden!« »Nein, Melker nicht«, war meine grinsende Antwort. »Tja, dann bleibt nur noch Landwirtschaft, auf einem Meisterbetrieb, da kannst du gleichzeitig wohnen und arbeiten, was meinst du?« Ich wusste gar nicht, dass man in der Landwirtschaft eine richtige Lehre machen kann, ich dachte, es gebe nur Bauern wie Opa und die anderen Verwandten in Ober-Gleen. Er erklärte mir dann, dass so eine Lehre drei Jahre dauert und man, wenn man auf einem spezialisierten Hof lernt, nach zwei Jahren wechseln muss, um andere Be-triebszweige und Anbauprodukte kennenzulernen. Ich sagte nach kurzem Überlegen: »Wo muss ich da hin?« Er ging seine Karteikarten durch und kramte eine hervor: »Hier ist zum Beispiel ein Meisterbetrieb in Ottlar, das ist in der Nähe des Diemelsees im Waldecker Upland, ein Grünlandbetrieb, schöne Gegend! Wenn du willst, kann ich da anrufen und einen Vorstellungstermin ausmachen.«

Ich sagte zu, und ein paar Tage später fuhren der junge Mann vom Jugendamt und ich mit der Eisenbahn nach Korbach und von dort weiter mit dem Bus zu unserem Ziel. Ottlar ist ein kleines Dorf auf der Strecke von Willingen zum Diemelsee. Es regnete in Strömen, als wir dort ankamen. Erich Gottschalk, der Besitzer des Hofes, und seine Familie begrüßten uns, und wir unterhielten uns über dies und jenes. Er fragte, woher ich käme, welchen Bezug ich zur Landwirtschaft hätte, was meine Eltern machten und vieles mehr. Ich antwortete auf alles nur knapp, um nichts Falsches zu sagen. Das Gespräch dauerte auch nicht so lange, er wollte dann noch wissen, wo meine Familie lebe, welcher Konfession ich angehörte und ob ich ein Hobby hätte, ob ich läse und wenn ja, was. »*Billy-Jenkins*- und *Tom-Prox*-Wildwestromane?«, fragte er. »Ja, kenn ich, aber lieber *Jerry Cotton*«, antwortete ich. Er war nicht beeindruckt und fragte mich stattdessen plötzlich: »Warum hast du die Lehre abgebrochen?«

Ich wusste genau, das war für ihn wichtig und für mich entscheidend, was ich jetzt antwortete: »Das war ein riesiger Betrieb, in dem ein kleiner Lehrling nur eine unbedeutende Nummer ist und auch, wenn er lernen und arbeiten will, nur ausgenutzt wird! Ich konnte nicht mehr auf dieser neuen Rohbaustelle quasi von vorne anfangen!« Es schien für ihn nachvollziehbar, und er sagte nach ein paar Minuten Bedenkzeit: »Gut, wir machen das, du hast allerdings drei Monate Probezeit, das ist üblich.« Wir tranken zusammen mit der Familie Kaffee und verabschiedeten uns dann förmlich.

Kapitel 11

Das war Ende April, und Anfang Mai 1964 fing ich dort meine neue Lehre an. Erich Gottschalk, der Chef, hatte mich an einem Sonntag am Bahnhof in Korbach abgeholt und lud mich netterweise gleich erst mal in die nahegelegene Eisdiele ein. Die war gerammelt voll, und kaum hatten wir bestellt, lief ziemlich laut *Twist and Shout* von den Beatles aus der Musikbox. Er fragte: »Magst du diese Musik?« »Geht so«, antwortete ich. Da ich ihn mit seinem akkuraten Kurzhaarschnitt richtig einzuschätzen glaubte, wollte ich erst mal vorsichtig sein, aber ich musste mich beherrschen, nicht mitzuzappeln bei diesem Rhythmus. Auf dem Hof angekommen, führte er mich kurz herum und zeigte mir anschließend mein kleines Zimmer mit Bett, Schrank, Kommode und einem Korbsessel mit hoher Lehne und dunkelblau und schwarz gemustertem Samtbezug.

Hier saß ich nun, gerade 16 geworden, weg von zu Hause, weg von der Mutter und dem letzten übrig gebliebenen Menschen, der mir etwas bedeutete, weg von dem Ort, den ich kannte, und wieder mal weg von ein paar Freunden, die ich in Kassel hatte. Ich dachte darüber nach, dass ich schon wieder von vorne anfangen musste. Zuerst machte sich Trostlosigkeit in meinem Inneren breit, gewann die Oberhand und führte zu Selbstmitleid. Ich war so oft mit meinen Gedanken alleine und grübelte über mein Leben nach. Jetzt, in diesem Zimmer, an diesem Ort war es wieder so. Meine Selbstdiagnose lautete: Ich war nichts, ich hatte nichts, und ich bedeutete nichts. Ich drohte auf dem Gleis der Erfolglosigkeit und Bedeutungslosigkeit weiterzufahren. Mein bisheriges Leben hatte daraus bestanden, zusammen mit meiner Mutter ziellos von einem Ort zum anderen getrieben zu werden. Getrieben von der Notwendigkeit, für sie eine Arbeit zu finden, von der wir halbwegs leben konnten.

Unser beider Leben war verkorkst! Ihres, seit sie sich in meinen Vater verliebt hatte und mit mir schwanger wurde. Seit sie ihrem Vater gegenüber ungehorsam war und sich von ihm losgesagt hatte, nicht mehr seine Magd sein wollte, nicht demütig genug war, um alles zu ertragen. Und seit sie meinen Vater verlassen hatte, der, gekennzeichnet durch Krieg, Tod und Gefangenschaft, kein normales Familienleben führen konnte. Mein Leben war verkorkst, seit sich meine Eltern getrennt hatten und ich ein Teil des verarmten Lebens meiner Mutter wurde. Manchmal kam es mir wie eine Strafe vor, dieses Leben.

Ich war damals in Marburg konfirmiert worden, als ich bei den Stegmanns lebte. Schon während des Konfirmationsunterrichtes verließ mich der Glaube an Gott völlig. Aber immer lauerte ein leichtes, im Inneren verborgenes und festgesetztes, kleines schlechtes Gewissen deshalb. Trotzdem betete ich schon lange nicht mehr, auch in ganz trüben und deprimierenden Stunden nicht. Ich dachte damals, diese Gebete waren doch meistens nur Hilferufe und Wünsche, ja vielleicht sogar Forderungen! Und warum sollte ein vielleicht doch vorhandener Herrgott einen Zweifler belohnen?

Jetzt, hier in diesem Zimmer, übermannt von Trostlosigkeit und Selbstmitleid, kam wieder der Gedanke hoch, dass mein Ungehorsam gegenüber Heiland oder Herrgott der Grund sein könnte für dieses Leben, war ich doch aufgewachsen mit den christlichen Vorgaben Gehorsam, Demut und Festigkeit im Glauben, die zu erfüllen ein gutes Leben versprach. Meine Mutter war all die Jahre nicht jeden Sonntag, aber so oft es ging, zur Kirche gegangen, sie hatte den Glauben nicht verloren, ihr verlieh er anscheinend Kraft, das alles auszuhalten. Vielleicht hätte ich einfach weiterbeten sollen, automatisch, ohne darüber nachzudenken, als ob man eine sich täglich wiederholende, selbstverständliche Handlung vollzieht. Wie essen, trinken, schlafen.

Aber wenn es Gott geben sollte und er allmächtig und allwissend ist, kann er doch nicht zufrieden sein mit geheucheltem Glauben, dachte ich dann, und langsam fand ich wieder Boden unter den Füßen bei meinem betrübten Nachdenken. Bisher war es immer so gewesen, dass ich auch in schlimmsten Situationen nie daran gedacht hatte, mir das Leben zu nehmen. Ich kam am Ende solcher Stimmungen immer wieder irgendwie aus den Untiefen der Betrübtheit an die Oberfläche zurück. Oder ich schob innerlich alles beiseite, drängte alles Negative weg, schlief darüber ein, und am nächsten Tag kamen der Alltag, die Arbeit und neue Herausforderungen. Auch hier in diesem Zimmer kriegte ich wieder die Kurve, und nicht nur das, ich begriff plötzlich, dass es eine wesentliche Veränderung gegenüber dem bisherigen Leben gab:

Ich wollte nicht mehr so leben wie bisher, das hatte ich erreicht! Jetzt war ich zwar ganz alleine, ich war erst 16 geworden, aber von nun an wollte und konnte ich mein Leben selbst bestimmen, konnte entscheiden, ob ich diesen oder jenen Weg einschlagen soll. Ich nahm mir fest vor, rauszukommen aus dem permanenten Jammertal! Jetzt konnte ich befreit versuchen, allen zu zeigen, dass ich doch zu was taugte! Der Preis für diese Freiheit war jedoch hoch, nämlich Einsamkeit und oft genug blieb noch Unsicherheit, das Richtige zu tun.

Diese Zeit in Ottlar, die ersten zwei Jahre der Landwirtschaftslehre, war, obwohl ich sehr viel arbeiten musste und es wenig Freizeit gab, genau das Richtige für mich. Ich war ab jetzt auf mich alleine gestellt, ich bestimmte mein Leben selber. Und ich erlebte auch, was es heißt, beruflich frei zu sein, Landwirt oder Bauer zu sein, unabhängig von anderen sein Leben bestimmen zu können, sein eigener Herr zu sein. Um ganz unabhängig zu sein, musste man dazu einen eigenen Hof haben, aber das stand jetzt nicht im Vordergrund. Von morgens halb sechs bis abends halb acht waren wir am Schaffen, so gut wie immer draußen an der frischen Luft, und hatten vielfältige Aufgaben. Die Landwirtschaft wurde hier mit Sinn und Verstand betrieben, nach wissenschaftlichen Erkenntnissen wurden Futtermischungen zusammengestellt und die Felder bearbeitet. Mein Chef war zwar streng, aber ehrlich, gerecht und freundlich, ich hatte das Gefühl, ein anerkanntes Mitglied des Betriebes zu sein.

Er hatte gute Kontakte zum Universitäts-Landwirtschaftsinstitut in Rauischholzhausen bei Marburg. Zweimal im Jahr kam ein Bus mit fortbildungsinteressierten Landwirten von dort und sie wurden auf »unserem« Muster-Hof herumgeführt. Ich begleitete die Delegation und musste auch zu dem einen oder anderen Thema etwas beitragen. Da sich dieser Betrieb in einer sehr hügeligen Landschaft befand, lag sein Schwerpunkt auf der Milchwirtschaft, man nannte es Grünlandbetrieb. Für den Ackerbau mit Kartoffeln, Rüben oder Körnerfrüchten waren die meisten Anbauflächen an zu schrägen Hängen, die manchmal sogar steil abfielen, gelegen. Pflügen, eggen und auch ernten mit dem Mähdrescher war da nicht möglich. Daher bildeten die Kühe und deren Nachzucht mit Rindern und Kälbern den größten Anteil der Tiere dieses Hofes. Ein weiterer Zweig war die Schweinezucht mit Sauen und Ferkeln. Hühner und Enten gab es auch, aber nur für den Eigenbedarf. Egal was man zu tun hatte, füttern, melken, entmisten, mähen, säen, es war etwas Sinnvolles, es war abwechslungsreich und anstrengend zugleich. Frisch gemähtes Gras oder auch Heu rochen unbeschreiblich gut! Die frische, gekühlte Milch schmeckte zu allen Tageszeiten, ich holte mir immer wieder welche aus dem Kühlhaus. Der Umgang mit den Tieren wurde zwar wissenschaftlich fundiert betrieben, aber er war trotzdem fürsorglich und behütend. Junge Kälbchen, Ferkel oder Küken waren etwas Herrliches. Ich dachte: Als Landwirt bist du selbstständig und frei, keiner kann dir was befehlen oder dich ausnutzen, keiner kann dich entlassen, das war wie geschaffen für mich, das war meine Zukunft!

In den ersten drei Monaten meiner neuen Lebensphase ging ich abends nicht aus. Ich hatte mir selbst eine Zeit des Nachdenkens, der Besinnung verordnet, wollte auch dadurch die schwierige Vergangenheit von mir abtrennen, indem ich etwas zur Ruhe kam. Es fing aber damit an, dass ich in sehr bedrückter Stimmung war, es war nicht so leicht, einfach auf positiv zu schalten, einfach sofort alles abzuhaken und hinter sich zu lassen. Zu oft zogen die Stationen der Vergangenheit durch meine Gedankenwelt. Zu lesen gab es außer der BRAVO kaum etwas. *Schloß Hubertus*, einen Heimatroman von Ludwig Ganghofer, lieh mir mein Chef aus, und sonst blieben wieder nur die üblichen Heftchenromane übrig. Richtige Literatur gab es nicht, einen Fernseher hatte die Familie auch nicht, ich war dann oft alleine und dachte meist träumerisch über die Zukunft nach.

Erst nach dieser selbstverordneten Zeit der Ruhe und des Abstandes lernte ich allmählich in meiner knappen Freizeit die Jugendlichen des Ortes kennen, und es begann eine wilde, von Beatles, Rolling Stones und der Musik anderer Rockgruppen begleitete Zeit, vor allem eine Zeit, in der Mädchen eine immer wichtigere Rolle für mich spielten. Das Waldecker Upland ist ein Mittelgebirge und wurde damals im Sommer schon gern als Ausflugsziel genutzt, hauptsächlich von Bergleuten aus dem Ruhrpott. Sie brauchten nicht lange mit dem Bus zu fahren und waren in einer landschaftlich schönen Gegend, die zum Wandern und Erholen einlud. Wir Jungs aus dem Ort standen samstags schon immer bereit und inspizierten ankommende Busse, ob schöne Mädchen dabei waren und in welcher Pension sie dann wohl wohnten.

Die Bergleute waren bekannt dafür, ausufernd feiern zu können, und wir profitierten davon zur Genüge. In dieser Zeit hatte ich permanent Freundinnen. Da es jedoch zumeist sehr junge Mädchen waren, meist noch Jungfrau und gut behütet, war meist nicht mehr drin als Knutschen und Fummeln. Für mich war das egal, galt es doch hauptsächlich zu erobern und damit Erfolg zu haben. Hier entdeckte ich ein Gebiet, bei dem nur Charme, Fantasie und oft ein gewisses freches Auftreten nötig waren, um Erfolg zu haben. Das tat meinem schwachen Selbstwertgefühl gut. Vielleicht hat mir dabei auch mein Erlebnis mit Gabi geholfen, jedenfalls ging ich angstfrei auf die Mädchen zu und konnte auch oft bei ihnen landen.

Da Ottlar doch etwas abseits lag, keine Bahnlinie vorhanden war und nur täglich einmal ein Bus verkehrte, war ich ohne Fahrzeug dort ziemlich festgebunden. Auf mein Bitten hatten – es war für mich ein Wunder, dass sie es machten – Lutrop, Mutter und, man staune, mein Großvater zusammengelegt und mir den Kauf eines Kleinmotorrades, einer Kreidler-Florett ermöglicht, nachdem ich fürs Traktorfahren den Führerschein Klasse 4 bestanden hatte. Ich war in den Besitz eines heißbegehrten Gefährtes gelangt, war jetzt mobil und unabhängig. Die anderen Jungs waren entsprechend neidisch und maulten immer: »Du hast nur solchen Erfolg bei den Mädchen, weil du die Kreidler hast.«

Ein intensiveres Verhältnis hatte ich damals wieder mit einem etwas älteren Mädchen. Sie war eine Hotelangestellte im Lindenhof, zwanzig Jahre alt, hieß

Christel, hatte lange blonde Haare, blaue Augen und eine gute Figur. Sie hatte etwas an sich, was schwer zu beschreiben war. Es war purer Charme, und wenn sie mir tief in die Augen sah, war ich wie hypnotisiert, solch eine Intensität ging von ihren Augen und ihrem Lächeln aus. Sie ging mit Manfred, einem Typen aus dem Ort, der schon ein Auto fuhr und von uns Jüngeren darum beneidet wurde. Ich fand sie sehr begehrenswert, war aber nicht verliebt in sie. Was mich ungeheuer reizte, war die Frage: Schaffe ich es, sie zu erobern?

Ich hatte schon vorher gemerkt, dass sie sich irgendwie für mich interessierte, wenn wir Jugendlichen zusammen herumstanden und sie hinzukam. Aber erst bei einer Tanzveranstaltung kam ich ihr näher, konnte mit ihr tanzen und küsste sie bei langsamen Stücken. In dieser Nacht nahm sie mich mit auf ihr kleines Zimmer. Wir mussten ganz leise sein, obwohl das fast unmöglich war, ging doch dermaßen heftig die Post ab zwischen uns, erst um halb sechs Uhr morgens schlich ich mich schlaftrunken heimlich davon. Gabi war dabei in meinem Kopf auch anwesend, ich konnte sie wirklich nur schwer loswerden. Danach sahen wir uns öfters abends, je nachdem wie es ihre und meine Arbeit erlaubten. Es war Spätsommer, und wir hatten eine schöne und wilde Zeit.

Irgendwann fuhr sie wieder mit dem Ex nach Korbach ins Kino, ohne es mir zu sagen. Ich war total sauer und mied jeglichen Kontakt zu ihr, obwohl es mir sehr schwerfiel. Wir trafen uns noch einmal, weil sie mir erklären wollte, dass nichts gewesen wäre außer Kino, er hätte sie darum gebeten, aus alter Freundschaft, sie weinte auch dabei, aber ich glaubte ihr nicht!

Oft wurde ich auf dem Hof angerufen, und meine Chefin fragte, was das denn dauernd für Mädels seien und warum schon wieder eine andere, ich sagte, das sind ganz lockere Bekanntschaften, alles nichts Ernstes, was ja auch so war. Ich hatte aber auch immer wieder Phasen, meist im Spätherbst und Winter, in denen mir alles trist, langweilig und deprimierend vorkam, in denen es mir nicht so gut ging. Tagsüber war ich schlecht gelaunt und hatte abends keine Lust, mich mit Freundin oder der Clique zu treffen. Ich legte mich ins Bett, zog die Decke über den Kopf und fantasierte mich wieder in eine schöne Zukunft. Bei solchen Vorstellungen und Träumen spielte jetzt – gegenüber früher – immer Geld eine Rolle. Mittlerweile war ich in einem Alter, in dem ich viel mehr von meiner Umwelt registrierte als damals in Ober-Gleen.

Ich sah tolle Häuser, fantastische Autos, Kinos und schöne Restaurants, wenn ich in Kassel war. Lutrop hatte von Italien erzählt, und um auch einmal solche Dinge zu besitzen oder zu erleben, brauchte man Geld, viel Geld! Ich schwor mir, eines Tages so viel zu haben, wie der damalige Lottohauptgewinn betrug: 500.000 DM! Wie ich das schaffen wollte, wusste ich nicht genau, aber dass ich alles dafür tun, dass ich dafür kämpfen würde, das war völlig klar!

Alle 14 Tage war freitags in der Berufsschule in Korbach auch unser Berufsschultag. Wir hatten einen ganz tollen Klassenlehrer, Herrn Rüspeler, er war uns Jugendlichen gegenüber sehr tolerant, einfach sehr menschlich und regelrecht lieb. Er gab mir manchmal frei vom Unterricht, wenn ich freitags weiter nach Kassel wollte und ihn darum bat. Er sagte dann, wenn ich morgens vor dem Unterricht im Lehrerzimmer war: »Du bist mein bester Schüler, besorge dir die Aufgaben und mach dich jetzt schnell ab, bevor dich die anderen sehen.« Er erzählte, wenn der Unterrichtsstoff durch war, auch immer viel vom Krieg und was er erlebt hatte, hierbei hielten sich glorreiche Soldatengeschichten und entsetzliche Erlebnisse, die ihm beim Schildern die Tränen in die Augen trieben, die Waage.

Seinen Gottesglauben schien er im Krieg verloren zu haben, aber dieses Thema versuchte er zu vermeiden, man konnte das nur aus einigen beiläufigen Bemerkungen heraushören. Ich fragte ihn trotzdem einmal ganz direkt, wie sich unsere Existenz denn anders als von der Kirche dargestellt erklären lassen könnte. Darauf hatte er geantwortet: »Ihr lebt doch alle in der Landwirtschaft und habt die natürlichen Prozesse direkt vor eurer Nase! Der natürliche Rhythmus von geboren werden, erwachsen werden, sich fortpflanzen, den Nachwuchs aufziehen und beschützen und letztlich wieder verschwinden, das ist das ganze Geheimnis! Der Mensch muss es nur lernen zu akzeptieren!« Als unser Klassenlehrer wollte er uns über den Fachunterricht hinaus auch helfen, erwachsen zu werden, und lenkte unsere Aufmerksamkeit lieber auf lockere Gespräche, auch über Mädchen und Sexualität. Dabei fragte er nach unseren Problemen und konnte durch echtes Interesse unser Vertrauen gewinnen.

Oft ließ er sich auch überreden, dass ein Buch vorgelesen wurde und alle dem Vorleser lauschten. Das waren Bücher wie *Das Erbe von Björndal* oder auch welche von Karl May. Alle 14 Tage hatte ich das Wochenende frei, meist ab Samstag nach dem morgendlichen Füttern und Melken, und fuhr manchmal nach Kassel, um meine Mutter zu besuchen. Sie war zu Lutrop in dessen Dreizimmerwohnung gezogen. Er hatte zwei Kinder, Tochter Hanna und einen Sohn namens Gerd. Hanna war 16 und lebte mit in der Wohnung, der Sohn war älter, mit ihm hatte er keinen Kontakt, da die beiden wohl in der Vergangenheit permanent größere Konflikte gehabt hatten und Gerd das Weite gesucht hatte. Vordergründig schien Lutrop ganz nett, aber er war ein alter Nazi, der nichts dazugelernt hatte, war dementsprechend autoritär und borniert. Er litt immer noch darunter, dass der Krieg verloren wurde, schimpfte auf die Scheiß-Amis und verherrlichte immer noch diese ganze Hitlerkacke. Meistens war mir das egal, solange er mich damit in Ruhe ließ, Hauptsache meine Mutter kam mit ihm klar, somit war ich weniger eingebunden in ihre Probleme. Sie schien ganz glücklich mit ihm zu sein und das freute mich.

Samstags kam immer *Beatclub* im Fernsehen, mit den neuesten Hits der Beat- und Rockszene, das war schon Kult, doch Lutrop hatte immer was dagegen, wenn die »dreckigen, langhaarigen Typen« gezeigt wurden, machte dann demonstrativ den Fernseher aus, und es gab dann natürlich ein Riesentheater. Mit der Zeit hatte ich immer weniger Respekt vor ihm, es kam dann zu hitzigen Disputen, die oft knapp an einer Schlägerei vorbeigingen. Irgendwann kam es zum großen Konflikt: Ich hatte, während wir zu Mittag aßen, meiner Mutter auf irgendwas frech geantwortet. Lutrop haute mir ansatzlos eine runter, gerade als ich den Löffel mit Suppe zum Mund führen wollte. Fast ohne Reaktionszeit habe ich ihn geschnappt, auf den Boden geworfen und ihm mit meiner Faust vor seiner Nase glaubhaft versichert: »Nur meiner Mutter zuliebe kommst du so glimpflich davon! Wirst du noch einmal die Hand gegen mich heben oder auch gegen Hanna, landest du garantiert im Krankenhaus!« Ich bin dann immer seltener zu ihnen gefahren, mein Zuhause war das sowieso nicht mehr, nur Hanna tat mir ein bisschen leid. Wir hatten uns auch mal kurz ineinander verliebt, aber es war nur eine Episode ohne große Bedeutung.

Kapitel 12

Dann gingen die zwei Jahre in Ottlar zu Ende, und ich musste den Hof wechseln, um auch den Schwerpunkt Ackerbau in meiner Ausbildung zu erlernen. Das Landwirtschaftsamt in Kassel hatte mir einen Meisterbetrieb in Altmorschen bei Melsungen zugewiesen, und darum begann ich mein drittes und letztes Lehrjahr auf dem Aussiedlerhof der Familie Hessler. Der Hof war viel größer als der von Gottschalk, lag ungefähr einen Kilometer südlich von Altmorschen und hatte eine in Quadratform angelegte bauliche Formation, bestehend aus einem großen, zweistöckigen Wohnhaus, einer großen Scheune, Stallungen und einem Maschinenschuppen mit großem Hühnerhaus gegenüber.

Kurt Hessler, mein neuer Chef, war mit Gottschalk nicht zu vergleichen. Mit ihm hatte ich oft große Probleme. Er hatte trotz des Schwerpunktes Ackerbau viele Kühe und überließ mir diesen Bereich fast ganz, weil er ihn nicht mochte, aber wegen des Milchgeldes brauchte. Vor allem im Sommer, wenn circa 15 Milchkühe Tag und Nacht auf der Weide blieben und auch dort gemolken werden mussten, hatte ich abends meine Mühe, ganz allein zurechtzukommen. Erst musste ich die Tiere einfangen, am Melkwagen anbinden, säubern und mit der Melkmaschine melken. Er schickte mich oft vor und kam bisweilen erst nach zwei Stunden, wenn ich schon fast fertig war, nach. Ich reagierte darauf oft sauer, und es gab fast immer Streit, in dessen Verlauf er mich auch, weil ich »frech« wurde und ihn aus lauter Wut beschimpfte, rausschmiss. Ich lief dann wutentbrannt nach Hause, wo mich seine Mutter abfing und fragte, was denn schon wieder los sei. »Er hat mich entlassen«, antwortete ich und ging auf mein Zimmer, um mein kleines Köfferchen zu packen. Das passierte übers ganze Jahr verteilt mindestens dreimal, und jedes Mal hatte seine Mutter dann die Kündigung mit ihm diskutiert, und er nahm sie zurück. Nach einer dieser Situationen hatte ich ihm gesagt: »Ab heute sind wir wieder per Sie, Herr Hessler!« Das war schwer für ihn zu akzeptieren, aber er kombinierte das Sie dann mit meinem Vornamen: Peter, holen Sie doch mal dies oder jenes.

Sieht man mal von den Streitereien mit Hessler ab, war das Jahr in Altmorschen eine unglaublich ereignisreiche und schöne Zeit. Ich hatte in meiner Freizeit viele Kontakte mit Jugendlichen des Ortes und natürlich auch mit Mädchen. Zuerst lernte ich Elfie kennen, ein 14-jähriges, frühreifes Girl, das mich mit meiner Kreidler rumfahren sah und wie ich mit anderen Jugendlichen des Dorfes zusammenstand. Lange, dunkelblonde, wellige Haare umrahmten ihr puppenhaftes, süßes Gesicht und fielen bis tief in den Rücken. Ihre blauen Augen sahen einen neugierig und offen an, dabei runzelte sie die Stirn immer ein wenig. Sie war einen Kopf kleiner als ich, hatte eine wohlproportionierte Figur, und ihre Stimme war überraschend tief und etwas rauchig, was die insgesamt sexuell aufregende Erscheinung noch interessanter machte. Sie fuhr öfters mit dem Fahrrad scheinbar planlos durch die Gegend, jedoch auffällig häufig in der Nähe des Hofes, auf dem ich lebte. Ich grüßte sie dann immer winkend und grinsend, und es dauerte nicht lange und wir tanzten auf einer Beatveranstaltung miteinander. Im Nachbarort Neumorschen war ein Tanzsaal, und fast an jedem zweiten Wochenende spielten dort Beatbands live die neusten Songs. Es war immer gerammelt voller Jugendlicher und junger Leute. Die Bands waren oft englische Halbprofis, die es richtig draufhatten.

Dort traf ich auch Elfie, und ich brauchte nicht mal zu fragen, ob sie mit mir tanzen würde, ich zog sie einfach auf die Tanzfläche, und wir hatten nur Augen füreinander. Später gingen wir nach draußen und ich fuhr mit ihr ins Grüne. Es war Sommer, und das kleine Luder war so was von scharf und hemmungslos, damit hatte ich nicht gerechnet, war sie doch noch so jung! Das ging so ein paar Wochen mit ihr und ich war verblüfft, wie erfahren sie schon in sexuellen Dingen war. Sie erzählte mir dann, dass sie vorher mit einem 22-Jährigen zusammen war, der auch jetzt immer noch um sie herumschlich. Ich dachte tagsüber, während der Arbeit und auch sonst immer nur an sie. Sie wollte oft, dass ich sie in meiner Mittagspause von der Schule abholte, damit die anderen Girls richtig neidisch wurden. Ich machte das, weil ich total scharf auf sie war, und außerdem war sie ja auch ein echter Knaller, für alle sichtbar, wenn sie hinter mir auf der Kreidler saß, da drehte ich noch meistens eine Extrarunde durch den Ort. Als mein Chef das mitbekam, sagte er mal zu mir: »Was machen Sie für Sachen, die ist doch noch ein

Schulmädchen!« Ja, das war sie, aber was für eins, das war entscheidend! Nach ein paar Wochen hatte sie wieder Kontakte zu ihrem Ex, der in Melsungen eine kleine Wohnung hatte. Sie meinte, es wäre für sie kein Problem, mit uns beiden befreundet zu sein, aber ich war für eine Dreiecksgeschichte nicht zu haben und beendete das Verhältnis.

Kaum war das vorbei, lernte ich Monika kennen. Sie war knappe 17 Jahre alt, auch Teil dieser Jugendclique des Dorfes. Sie hatte anscheinend auf das Ende mit Elfie gehofft und beichtete mir eines Abends, dass sie schon länger in mich verliebt sei. Ich war geschmeichelt und lud sie ein paarmal ein, entweder zum Beat oder in Kneipen, in denen auch gute Musik aus der Box kam. Mit ihr hatte ich eine schöne Zeit, es war echte Zuneigung, ich hatte nur etwas Hemmungen, weil sie noch Jungfrau war. Ich wusste, dass ich nach der Lehre nicht in diesem Ort bleiben konnte, die Bundeswehr würde mich noch einziehen, und in der Berufsschule hatte ich erfahren, dass man sich in der Landwirtschaft noch weiterbilden konnte zum Agraringenieur. Monika war anders als Elfie, sie war fast so groß wie ich, mit guter Figur und halblangen hellbraunen Haaren, hatte eine enge Taille, braune Augen und eine vielleicht minimal zu große Nase, was ihre Attraktivität aber nicht minderte. Sie war eher ruhig und introvertiert, kein Plappermäulchen wie Elfie. Sie glaubte in mir den Richtigen gefunden zu haben und wollte unbedingt mit mir »lieben«, obwohl wir darüber gesprochen hatten, dass ich später von hier weggehen würde und unsere Beziehung möglicherweise keine Zukunft hatte.

Aber für sie zählte das Hier und Jetzt, und sie wollte anscheinend nichts mehr aufschieben. Es klappte beim ersten Mal nicht gleich, es tat ihr zu sehr weh, und bei mir ging dann nichts mehr. Sie war auch in der Lage, mit mir darüber zu sprechen, wahrscheinlich weil ich ihr Natürlichkeit in sexuellen Dingen vermittelte und selbst nicht verklemmt war. So übernahm ich – ähnlich wie Gabi bei mir – auf ihren ausdrücklichen Wunsch hin die Führung bei diesem sensiblen »Projekt«. Bisher hatten wir meistens endlos lange geknutscht und gefummelt. Ich sagte zu ihr: »Wir müssen das intensiv, aber kurz vorbereiten, damit ich normal reagieren kann und nicht so viel überlegen muss dabei.« Das hat dann auch geklappt, aber ihr schon ein wenig wehgetan, sodass sie die nächsten Male ein wenig gehemmt war. Monika war zwar ruhig und zurückhaltend in ihrer Art, muss sich aber mit ihren engsten Freundinnen, Karin und Elisabeth, auch über Intimes ausgetauscht haben, denn die beiden schmachteten mich sehr an, und die kleine Karin, rassig, schwarzhaarig, wie eine Zigeunerin aussehend, betatschte und berührte mich aufreizend, immer wenn Monika nicht dabei war. Als ich sie zur Rede stellte, sagte sie: »Nicht nur Monika ist in dich verliebt, bitte tu es mit mir, ich verrate nichts, ganz bestimmt nicht! Ich will es so sehr!«

Als wieder so eine Situation kam, gab ich nach und trieb es mit ihr. Sie war hochexplosiv, es tat ihr überhaupt nicht weh, im Gegenteil, sie musste ihre Unschuld schon bei einer anderen Gelegenheit verloren haben, sie stritt das vehement ab, und ich sagte ihr: »Dann hast du es dir selber gemacht, oder?« So war es wahrscheinlich, ihre Lust, es zu tun, war jedenfalls immens. Sowohl sie als auch ich haben es für uns behalten und niemandem etwas erzählt. Ich hatte zwar ein schlechtes Gewissen, wenn ich wieder mit Monika zusammen war, aber letztlich war es kein Problem, es war purer Sex und keine Beziehung, so sah ich das.

Am Ende dieses Lehrjahres stand die Gesellenprüfung an, die in der Landwirtschaft Gehilfenprüfung heißt. Wochenlang vorher musste ich Wochenberichte im Berichtsheft nachschreiben, weil ich nicht immer alles aktuell und akkurat geführt hatte. Als Lehrlinge sollten wir auch jeden Tag das aktuelle Wetter notieren, die durchschnittliche Tagestemperatur und Niederschläge messen. Ich weiß nicht, ob die anderen Lehrlinge das genauso fantasievoll und frei nachschrieben wie ich, denn dafür hatte ich während des Jahres keinen Sinn. Chef Kurt Hessler war besorgt, ob ich die Prüfung bestehen würde, stand doch sein Ruf auf dem Spiel, wenn ich als sein erster Lehrling durchfiele. In der Berufsschule und mit dem Lehrstoff hatte ich keinerlei Probleme und fuhr entsprechend locker zur Prüfung auf einen Meisterbetrieb in der Nähe von Ziegenhain. Es lief sehr gut, und ich hätte die Gesamtnote Eins bekommen, wenn nicht der Fragenkatalog der politischen Bildung – mit Fragen nach der Zusammensetzung von Bundestag und Bundesrat oder nach der Europäischen Wirtschaftsgemeinschaft – so arg in die Hose gegangen wäre. Darauf war aber nicht nur ich schlecht vorbereitet, alle Prüflinge versagten hier, sodass die Prüfungskommission hier insgesamt ein Defizit in der Umsetzung der Lehrinhalte feststellte.

Somit war ich bei den drei Besten und fuhr zufrieden nach Hause.

Da aber Hessler und ich kein besonders gute Verhältnis hatten, fuhr ich, statt zu ihm auf den Hof, erst einmal ins Dorf, um mit den Freunden und Monika ausgiebig zu feiern. Als ich nachts ziemlich angeschlagen am Hof eintraf, passte Hessler mich auf der Treppe nach oben ab mit den Worten: »Und, wie ist es gelaufen?« Ich ging weiter und brummelte: »Scheiße ist es gelaufen«, und ließ ihn stehen. Er zeterte noch lange hinter mir her: »Hab's ja gleich gewusst!« Am anderen Morgen, während gefüttert, entmistet und gemolken wurde, würdigte er mich keines Blickes und redete kein Wort. Ich gab ihm dann beim Frühstück das Zertifikat und sagte: »Demnächst stehen Sie auch in der Zeitung, da werden alle erwähnt und auch die Meisterhöfe der Lehrlinge, die am besten abgeschnitten haben, ich gratuliere!« Daraufhin beschimpfte er mich nochmal lautstark, aber ich lachte und meinte dann versöhnlich zu ihm: »Jetzt ist doch alles gut, oder?«

In der Berufsschule in Melsungen hatte Lehrer Hofmann uns darüber informiert, dass es für einen gelernten Landwirt auch noch andere Möglichkeiten gebe als die, einen eigenen Hof zu bewirtschaften. Da ich keinen eigenen zu erwarten hatte und mir daher einen Hof zum »Einheiraten« suchen müsste, hörte ich mir das interessiert an. Man könne zum Beispiel versuchen, Agraringenieur zu werden – für die Aufnahme auf die entsprechende Schule in Witzenhausen bei Kassel brauche man aber als Voraussetzung die Realschulreife. Als Agraringenieur könne man große Landwirtschaftsbetriebe leiten, aber auch an staatlichen landwirtschaftlichen Betrieben, in der Düngemittelforschung oder an universitären Forschungsstätten Arbeit finden. Was mich jedoch aufhorchen ließ, war die Möglichkeit, ins Ausland zu gehen, um für den Entwicklungsdienst – etwa in Afrika – Projekte zu leiten. Und wenn man trotzdem auf einem Hof einheiraten wollte, waren die gehobenen fachlichen Kenntnisse eines Agraringenieurs sicherlich nicht hinderlich.

Ich hatte vor, mich in diesem Beruf weiterzubilden, doch erst kam mir die Bundeswehr dazwischen. Ich hatte mich erkundigt, was es da für Möglichkeiten gab außer der, den Wehrdienst abzuleisten, denn ich hatte keinen Zweifel, dass ich einrücken müsste. Ich war inzwischen 19 Jahre alt und durch die körperlich anstrengende Arbeit in der Landwirtschaft ziemlich fit und stark. Wenn ich wollte, konnte ich vom ersten Stock der Scheune bei Hessler vor der Brust rechts und links mit jeweils einem knappen Zentner geschrotetem Korn die Treppe runter und quer über den Hof bis in den Schweinestall laufen. Mit einem knapp zwei Zentner schweren Jutesack voll Tapiokaschnitzel machte ich aus Spaß locker 30 bis 40 Kniebeugen.

Für die Weiterbildung danach würde ich Geld brauchen für Schule und Unterhalt, das ich von niemandem erwarten konnte. So entschloss ich mich, alles zu tun, um in kürzester Zeit so viel Geld wie möglich bei der Bundeswehr zu verdienen. Dazu fuhr ich zur Aufnahmeprüfung nach Wiesbaden, dort wurden wir drei Tage lang theoretisch und körperlich getestet, ob wir in Sonthofen im Allgäu für die Heeresunteroffizierschule geeignet waren. Schaffte man das, konnte man dort eine sechsmonatige Ausbildung absolvieren und bei einem Notenschnitt von durchschnittlich mindestens 2,0 anschließend die Offiziersschulen in Köln oder Hamburg besuchen. Das konnten auf »normalem« Weg nur Abiturienten. Mit Abschluss als Fähnrich, also Offiziersanwärter, ging man dann nach insgesamt vier Jahren ab, mit einer Abfindung von über 10.000 DM. Die Prüfung bestand ich und rückte am 1. April 1967 in Sonthofen ein.

Vorher verabschiedete ich mich mit einer kleinen Party in unserer Lieblingskneipe in Altmorschen von meiner Clique. Monika wollte mir den Abschied nicht vermiesen und gab sich anfangs unerwartet fröhlich, doch hinter dieser Fassade war sie sehr mitgenommen und weinte später auch in meinen Armen, denn sie befürchtete, dass es ein Abschied für immer wäre. Selbst Elfie mit neuem Freund, Karin natürlich, Elisabeth, Bernd, Jürgen und wie sie alle hießen, waren gekommen und gaben mir zu verstehen, dass sie mich mochten und ihnen der Abschied sehr leidtat.

Kapitel 13

Anfang April 1967 lag in Sonthofen noch massenweise Schnee, und wir Heeresunteroffizierschüler wurden gleich mächtig rangenommen. Ich lag auf einem Zimmer mit fünf Kameraden, wir hatten rund um die Uhr Dienst oder Unterricht und fielen die ersten Tage abends meist todmüde ins Bett. Alles war streng geregelt, wie man das beim Militär erwarten konnte. Michael aus Walsrode und Waggi aus München waren in kurzer Zeit zu Freunden geworden. Manchmal liehen wir uns einen VW aus und fuhren am Wochenende durch die Gegend. Wir lebten ja in einer landschaftlich attraktiven Umgebung; den Bodensee, die Schweiz, Oberstdorf, das Kleine Walsertal oder den Pass nach Tirol, alles wollten wir gesehen haben in dem halben Jahr. Monika und ich schrieben uns anfangs häufig sehnsüchtige Liebesbriefe, aber wir Absolventen hatten in dieser Zeit keinen einzigen Tag Urlaub, und so konnten wir uns nicht ein einziges Mal treffen, damit war die Beziehung zu Monika letztlich zum Scheitern verurteilt.

Der angesagte Treffpunkt junger Leute in Sonthofen war das Eisstadion, dem ein Lokal angegliedert war, das wir Dancing-Bar nannten, sie hatten die neusten Hits in der Musikbox, und es war immer rappelvoll. Hier lernte ich nach ein paar Wochen auch Frauen kennen. Barbara fand ich besonders attraktiv, sie war 18, einen halben Kopf kleiner als ich, hatte kurze lockige schwarze Haare, dunkelbraune Augen, die immer Fröhlichkeit und Wärme ausstrahlten. Sie lernte in der Gärtnerei der Eltern und schnell hatten wir ein hitziges, verliebtes Verhältnis – mit Petting, aber ohne Geschlechtsverkehr! Sie wollte, warum auch immer, unbedingt jungfräulich in die später geplante Ehe gehen. Möglicherweise wollte sie auch nur sicher verhüten, aber ich respektierte ihren Wunsch immer, ich kam auch so auf meine Kosten, es war für mich auch eine neue, interessante Variante der Sexualität.

Ich hätte auch mit ihr zusammenbleiben können, meine Landwirtschaftskenntnisse und ihre Gärtnerei lagen beruflich nahe beisammen, das hätte ich hinbekommen, aber ich hatte keinen richtigen Zug. Im Hinterkopf war meine Weiterbildung fest verankert, und vielleicht hatte ich auch mit Barbara – genauso wie mit allen bisherigen – noch nicht die richtige Frau gefunden, bei der ich fest entschlossen bleiben wollte.

Mit der Zeit kristallisierte sich leider heraus, dass die Bundeswehr für einige von uns eine Einrichtung war, mit der wir überhaupt nicht klarkamen. Zufällig waren hier ein paar gleichgesinnte, junge Menschen näher zusammengekommen, die vielleicht wie ich in Kindheit und Jugend die Fähigkeit zum Widerspruch erlangt hatten und vor allem kulturell durch die ausländische Musik der Sechziger und die damit einhergehenden veränderten Verhaltensweisen vielleicht ein wenig innere Befreiung von Verhaltensnormen früherer Zeiten erreicht hatten. Die Sprache, die innere Struktur und der geforderte Gehorsam dieser Einrichtung, die wir mit vergangenen katastrophalen Epochen der deutschen Geschichte gleichsetzten, konnten einige von uns nicht mehr mit den eigenen Vorstellungen zusammenbringen. Zudem kam es noch zu Situationen, die den innerlich schwelenden Widerstand förderten.

Im damals bundesweit bekannt gewordenen Nagolder Schleifer-Prozess waren zwei junge Offiziere angeklagt und verurteilt worden, weil sie Auszubildende nicht nur hart rangenommen hatten, sondern sie regelrecht gequält und sadistisch »geschliffen« hatten. Diese beiden waren zu uns nach Sonthofen versetzt worden und machten auch hier munter weiter mit ihren gestörten Verhaltensweisen. Das waren zwar körperlich extrem fitte Typen, die öfters Lokalschlägereien provozierten. Sie schafften mehrere Gegner, schlugen sie brutal zusammen, wenn ihnen danach war – aber sie waren geistig arme Sadisten und für die Ausbildung junger Männer fehl am Platz!

Es wurde nie ganz geklärt, ob die beiden verantwortlich waren für den Tod eines jungen Soldaten in unserer Einheit. Während einer Feldübung wurde morgens um halb fünf eine Nebelkerze in unseren Bunker geworfen und unter dem Gebrüll »Alles raus, feindlicher Überfall« sollten wir Soldaten so schnell wie möglich aus den Schlafsäcken und aus dem Bunker kommen, zu den Waffen greifen und den vermeintlichen Feind stellen. Es war eine große, weitverzweigte Bunkeranlage, und einer hat es nicht hinausgeschafft, er wurde zuerst nicht vermisst, atmete die giftigen Dämpfe der Nebelgranate ein und vegetierte drei Wochen im Krankenhaus dahin, bis er starb. Ich kannte ihn gut, er war von Beruf Frisör und schnitt uns in seiner Freizeit für 50 Pfennige auf den Zimmern die Haare, ein lieber, harmloser Kerl, der durch unverantwortliches Verhalten von Idioten sein Leben verlor.

Danach wurde der Vorfall von den Medien, wie BILD, Stern und Spiegel, bundesweit bekannt gemacht, und auch der Wehrbeauftragte des Heeres untersuchte alles genau und befragte uns zu diesem Vorgang. Am Ende wurde es zu einem tragischen Unglück definiert, da die Giftigkeit der Nebelkerze nicht bekannt gewesen sei. Nebelkerzen wurden aber bis dahin, und ich denke auch danach, nicht zu Übungszwecken in geschlossenen Räumen eingesetzt!

Es gab viele seltsame Aktionen und Vorgänge, bei denen man keinen Sinn erkennen konnte, und wenn man sich nur vorsichtig beschwerte, bekam man den Satz zu hören: »Ihr seid freiwillig hier, und das ist eine Sonderausbildung!«

Es gab über vier Tage und Nächte die Übung »Leben im Felde«, bei Dauerregen, der mit der Zeit alles durchnässte. Sie wurde abgeschlossen mit einem Sechs-Kilometer-Lauf mit kleinem Sturmgepäck. MG und Munition wurden während des Laufes immer weitergereicht, und als besonderes Schmankerl wurden unterwegs die ABC-Schutzmasken aufgesetzt. So kamen wir völlig fertig in der Kaserne an und wurden sofort in einen Unterrichtsraum geführt, in dem schon Papier und Stifte auf den Tischen lagen. Jetzt bekamen wir ein Thema und mussten unter weiterem Tragen der Schutzmaske und klitschnass einen Aufsatz schreiben. Manche schrieben nur »Leckt mich am Arsch« oder »Scheiß-Bundeswehr« oder »Ihr könnt mich alle« und verschränkten die Arme vor der Brust, mit wütenden Augen durch die Maske glotzend. Oft schrammten die Ausbilder haarscharf an einer Tracht Prügel vorbei. Begründet wurde diese Aktion am nächsten Tag mit den Worten: »Man konnte sehr gut erkennen, wer unter körperlichen Strapazen noch denken kann und vor allem, wer auch unter extremen Bedingungen die Befehlskette einhält.«

Danach haben wir eine gefühlte Stunde heiß geduscht, uns fürs Städtchen fertig gemacht, dabei schon mal einen Kasten Bier geleert, und ab ging es! Ich kaufte mir die neue Beatles-LP »Sergeant Pepper«, in einem Lokal haben wir Bratkartoffeln, Spiegeleier, Schnitzel und Salat in Unmengen vertilgt, denn bei der Feldübung hatte es in vier Tagen nur eine warme Mahlzeit gegeben, sonst hatten wir mit den Nato-Feldpäckchen auskommen müssen.

Wir machten alles mit: Dreißig-, Vierzig-, Sechzig-Kilometer-Orientierungsmärsche, vier Wochen lang fast täglich 5000-Meter-Läufe vor dem Frühstück im Kasernenstadion, Feldübungen und vieles mehr. Manchmal wurden körperlich Schwächere regelrecht fertiggemacht. Hauptgefreiter Brodhäcker etwa tat dies gerne mal auf dem sogenannten Sportfeld, einem Hochmoor in den Bergen über dem Kasernengelände. Dort mussten wir mit Gewehr eine vielleicht 100 Meter lange Strecke entlanglaufen, dabei, vorhandene Büsche und kleine Bäume als Deckung nutzend, uns hinwerfen, dann auf und weiter. Jungs, die er auf dem Kieker hatte, rief er zwischendurch permanent Befehle zu wie »Tiefflieger von links!« oder »Heckenschütze rechts!«. Sie mussten eigentlich immer runter, hoch, weiterrennen, runter, hoch. Manche schafften es gar nicht wieder ganz zurück, sie taumelten dann schon vorher, fielen um wie besoffen und krabbelten noch am Boden weiter, weil sie auch dann noch seine Befehle ausführen wollten. Oft wurde einer bewusstlos. Die brüllte er dann immer weiter an: »Hoch, du Waschlappen, ich werd dir Beine machen!«

Ich bekam mächtige Wut, und als ich von meinem Lauf zurückkam, warf ich mich circa zehn Meter vor ihm auf den Boden, brachte mein Gewehr in Anschlag, schoss das ganze Magazin Übungsmunition mit Platzpatronen auf ihn und rief: »Das hier ist für dich!« Erst war er furchtbar erschrocken und sprang zurück, danach drohte er, mich von den Feldjägern verhaften zu lassen. Es waren aber keine dabei, und als wir abends in die Kaserne einrückten, sah er davon ab, weil er sich wohl überlegt hatte, dass er auch nicht ohne Schrammen aus der sich anschließenden Verhandlung gekommen wäre. Er sagte vor allen nur, an mich gewandt: »Das wird Folgen für dich haben!« Von nun an bestrafte er mich ständig für Nichtigkeiten mit Wochenenddienst, Waschräumesäubern, Strafrunden, Liegestützen, und im Unterricht pickte er mich immer raus an die Tafel.

Am Ende des halben Jahres konnte man den Verpflichtungsvertrag auch kündigen, statt weiter auf die Offiziersschule zu gehen. Das hat unser gesamtes Zimmer getan, obwohl wir alle einen Notenschnitt hatten, der ein Weiterkommen erlaubt hätte. Nicht nur der Tod des Kameraden hatte unsere Einstellung beeinflusst, alles, was wir täglich erlebten – problematische Vorgesetzte, unverständliche Schulungsmaßnahmen und vieles mehr –, führte dazu, dass ein jeder von uns auf diese Aufstiegschance lieber verzichtete. Die Leitung dieser Einrichtung nahm unsere Entscheidung nicht so einfach hin, sondern wollte in Einzelgesprächen herausfinden, welche Motive wir hatten, und versuchte uns umzustimmen, denn der Vorgang war ungewöhnlich und bis dahin noch nicht vorgekommen. Außerdem stand dieser Lehrgang wegen dieses Bunkervorfalles sicherlich noch im Fokus der Öffentlichkeit.

Ich erinnere mich noch gut an diese Gespräche, da ich zwei hochrangigen Offizieren gegenübersaß und artikulieren sollte, was mich zu meinem Entschluss bewogen hatte. Ich konnte nicht viel sagen, nur dass ich diesen Weg nicht weiter gehen wollte. Befehle, und noch dazu oft unsinnige, könne ich nicht von Menschen annehmen, die ich nicht akzeptiere. Bei wichtigen Gesprächen und Entscheidungen, sowohl hier bei dieser als auch in kritischen Situationen der Vergangenheit, merkte ich, dass mir etwas Entscheidendes fehlte, nämlich die Fähigkeit zur sprachlich differenzierten Artikulation. Die Offiziere äußerten: »War Ihnen vorher nicht klar, dass Soldat zu sein kein Wunschkonzert ist, sondern nicht zu hinterfragender Befehl und Gehorsam die Grundlagen darstellen?« Da hatten sie wohl recht, aber wir aus der Gruppe, die wir alle keine höhere Bildung hatten und oft emotional, aus dem Bauch heraus agierten, wussten und fühlten im Inneren eines ganz genau: Diese Welt hier ist nicht unsere, und hier gehören wir nicht hin, hier haben wir keine Zukunft, hierhin zu gehen war ein Fehler, eine Fehleinschätzung.

Wenn ich in der Lage gewesen wäre, genau auf mein Inneres zu hören, hätte ich wissen müssen, dass meine Persönlichkeitsstruktur Gehorsam und Disziplin ohne erkennbaren Sinn verweigern würde, wie schon öfter in der Vergangenheit. Ich war diesmal jedoch nicht der alleinige Initiator der Verweigerung, außer mir war vor allem Michael, genannt »Professor«, die treibende Kraft. Mit seiner runden Nickelbrille und seiner ganzen Erscheinung hätte er eher als Lehrer in eine Schule gepasst als in diese Bundeswehreinheit. Wie war er auf die Idee gekommen, sich hier zu bewerben, hier eine Zukunft zu sehen? fragte ich mich. Vermutlich war es auch für ihn die einzige Möglichkeit gewesen, Geld für eine spätere Ausbildung zu verdienen. Er hatte noch nicht einmal die körperlichen Voraussetzungen, das hier durchzustehen, oft genug haben wir ihm geholfen bei Übungen des Feldeinsatzes. Er war aber derjenige, der immer wieder sagte: »Wir dürfen den Kram nicht hinschmeißen und vorher gehen, wir müssen uns da durchbeißen und denen zeigen, dass wir es können, und zwar mindestens mit Note Zwei! Dann stehen wir gut da und werden nicht als feige Abbrecher gehandelt. Und erst dann sagen wir: Wir kündigen!«

Wir zogen es also durch, und danach hatten wir die Wahl: Entweder würden wir wieder Zivilisten, würden dann aber wahrscheinlich wieder eingezogen werden zum gewöhnlichen Wehrdienst, der dann 18 Monate dauerte, oder aber wir leisteten ihn sofort ab und bekamen die sechs Monate anerkannt. Meine Wahl war klar, ich würde den Rest gleich ableisten, und es hätte sich dann erledigt. Wir konnten wählen, wohin und in welche Einheit wir wollten, so entschloss ich mich für die Panzerjägerkompanie 40, hauptsächlich, da sie in Kassel gelegen war und ich mich dort gut auskannte; vielleicht spielte auch Monika in meinem Kopf noch eine Rolle. Ausbilder Brodhäcker habe ich an einem der letzten Tage noch ein paar Abschiedsworte mitgegeben: »Ich hoffe, dass ich dich mal als Zivilist irgendwo alleine treffe, du blödes Arschloch!«

Kapitel 14

Als Folge dieser Entscheidungen kam ich im Herbst '67 wieder nach Kassel, in meine mir bekannte Stadt, aus der ich einst deprimiert geflüchtet war. Meine Heimat war es nicht, durch die vielen Umzüge und Lebensänderungen hatte ich gar keine richtige Heimat, aber ich freute mich vor allem, einige Bekannte wiederzutreffen. Ich hatte viele Erinnerungen an diesen Ort. Als ich darüber nachdachte, wie ich ein paar Jahre zuvor hier die Lehre hingeschmissen hatte und, auf mich alleine gestellt, in Ottlar in der Landwirtschaft einen Neuanfang gewagt hatte, überkam mich ein gutes Gefühl. Das Leben selbstständig und unabhängig zu bestimmen und die damit verbundenen Ereignisse und Erlebnisse hatten mich nicht nur frühzeitig reifen lassen, es hatte auch mein Selbstwertgefühl etwas gestärkt. Aus einem Häufchen Selbstmitleid war ein positiv denkender Mensch geworden, für den es nur bergauf gehen konnte, der noch viel vorhatte und der diese Stadt jetzt mit ganz anderen Augen sah, ja sich erwartungsvoll auf sie freute!

*

Meine Mutter hatte ein kleines Haus geerbt, das Haus ihrer Schwester, in Kirtorf, dem Nachbarort von Ober-Gleen. Nachdem wir damals von meinen Großeltern weggezogen waren, hatte mein Opa seine jüngere Tochter Erika überredet, zu ihnen zu ziehen. Sie erbte das Elternhaus und das gesamte Ackerland, meine Mutter bekam, sozusagen aus Strafe wegen Ungehorsams, nur dieses kleine Häuschen. Das sollte jetzt umgebaut, vergrößert und renoviert werden, damit sie mit Lutrop, den sie inzwischen geheiratet hatte, dort leben konnte. Ich fuhr manchmal an den Wochenenden dorthin, um zu helfen und den Umbau voranzutreiben.

Mit Monika stand ich nur noch selten per Brief in Kontakt. Ich hatte mich mit ihr noch zweimal getroffen, einmal fuhr ich zu ihr nach Altmorschen und übernachtete bei ihr zu Hause. Hierbei fiel mir unangenehm auf, dass ich fast schon als Schwiegersohn gehandelt wurde. Die Eltern und der Bruder waren sehr nett und freundlich, aber solche Gedanken hatte ich überhaupt nicht, denn es war genauso klar wie vor meiner Zeit in Sonthofen, dass mein Weg noch weitergehen sollte, ich konnte nicht bleiben! Sie hat mich dann noch einmal in Kassel besucht, ist aber nach ein paar Stunden wieder nach Hause gefahren, war traurig und deprimiert und weinte zum Abschluss am Bahnhof bittere Abschiedstränen. In meinem Inneren war Distanz zu ihr entstanden, ich war in meinen Gedanken und Gefühlen nicht mehr bei ihr, war schon auf der »Weiterreise«.

In den folgenden Monaten machte ich an Kursen und Sonderausbildungen alles mit, was möglich war, vor allem, wenn es Sonderurlaub einbrachte, den ich mit Freizeitvergnügen füllte. Es war seltsam, aber ich litt nicht unter der endgültigen Trennung von Monika, meine Gefühle für sie hatten keine Tiefe mehr, ich dachte kaum noch an sie. Manchmal bemerkte ich, dass sich meine Gedanken grundsätzlich mehr und mehr mit Zukünftigem beschäftigten. Meine Absicht, mich nach der Bundeswehrzeit noch weiterzubilden, und mein Hoffen auf eine weitere positive Veränderung meines Lebens brachten mit sich, dass ich die Beziehung zu Monika fast emotionslos beendete. Ich lebte auch sonst gedanklich oft nicht richtig in der Gegenwart, hakte Vergangenes schnell ab und befand mich planend und emotional oft mehr im Morgen als im Heute. Fast so, als wäre das momentane Leben nur eine zwar notwendige, aber lästige Übergangsphase.

Meine neue Freundin hieß Bruni, sie stammte aus Kassel und war Studentin an der Kasseler Kunsthochschule. Sie war eine hochgewachsene Blondine, mit mittellangen Haaren, blauäugig, mit endlosen Beinen, sehr gut aussehend, und vor allen Dingen beeindruckten mich ihre fantasievollen Ansichten und ihre positive Einstellung. Ich war auch keiner mehr, der dauernd Trübsal blies, hatte einen oft überschäumenden, manchmal ironischen, sarkastischen Humor und war immer für Blödsinn und Witze aufgelegt. Bruni war genauso, und wir hatten eine aufregende gemeinsame Zeit. Es war die Flower-Power-Ära mit langen Haaren, grellbunten Klamotten, toller Musik und Studentenprotesten. In meiner Freizeit lief ich herum wie ein bunter Vogel, nur wegen der langen Haare hatte ich, wie auch einige andere aus meiner Kompanie, Probleme mit den Vorgesetzten. Damit wir nicht gleich auffielen, hatten wir tagsüber die Haare immer mit Fit oder Brisk so nach oben geformt, dass man sie unter der Mütze oder dem Schiffchen verstecken konnte. Abends wusch ich sie mir bei Bruni und trug sie wieder lang, so fühlte ich mich wohler.

Nach dem Einmarsch der Sowjets in Prag war die Nato in Hochalarm, und wir durften auch in der Freizeit außerhalb der Kaserne nur in Uniform herumlaufen, sodass jeder im Ernstfall sofort von den Feldjägern erkannt werden konnte, um schnell einzurücken. Ich hatte meine geliebten bunten Klamotten, die gelbe Breitcordhose, das lila Hemd mit riesigem Kragen, bei Bruni deponiert, ging in Uniform dorthin, wusch mir die Haare und zog mich um. Dann genoss ich meine Freizeit in Zivil und pfiff auf Bundeswehr oder Nato.

Vor der Kaserne hockten oder lagen Anfang '68 immer Studenten vor dem Eingang und demonstrierten, ja sie blockierten manchmal sogar die Einfahrt, um ihre Parolen deutlich zu machen. Emotional sympathisierten viele von uns mit ihnen, die Inhalte ihrer Forderungen kannten wir aber nicht so genau, außer dass sie gegen den Vietnamkrieg waren. Wie in Sonthofen gab es auch hier Auseinandersetzungen mit den Vorgesetzten wegen deren manchmal dümmlich autoritären Verhaltens. Ich war jetzt zwanzig Jahre alt und wusste, bei wem ich mir was erlauben konnte und bei wem nicht. Ich hatte auch im Laufe der Jahre gelernt, wie man sich verhalten musste, um Vorteile zu haben oder Nachteile abzuwenden. Aber das Wichtigste war für mich vor allen anderen Dingen, mir die Fähigkeit zu erhalten, Freunde zu gewinnen, nicht durch Berechnung, sondern durch aufrichtiges, solidarisches Verhalten in Situationen, in denen danach gefragt war.

Ich war aber auch in der Lage, Solidarität einzufordern, wenn ich sie brauchte. Oft stellten wir ziemlichen Blödsinn an, für den wir dann auch bestraft wurden.

Gefreiter Kulik aus Offenbach hatte nur Frauen und Ficken im Sinn. Wenn ich an einem Wochenende Wachdienst hatte – Hauptgefreite wie ich mussten diesen Dienst auch leisten –, wollte Kulik manchmal Frauen in die Kaserne schmuggeln. Er hatte ein Auto und die Erlaubnis, innerhalb des Kasernengeländes zu parken. Er brachte oft sogar mehr als eine Frau mit. Sie mussten sich auf der Rückbank versteckt hinlegen, um einem eventuell zufällig auf dem Kasernengelände vorbeigehenden Vorgesetzten nicht aufzufallen. An der Pforte hatte er nie Schwierigkeiten durchzukommen, wahrscheinlich kannte er dort auch einige der Wachhabenden. Er fuhr dann an unserem Block vor, und ich signalisierte ihm, wann die Luft rein war und sie das Haus betreten konnten. Am Wochenende waren immer nur ganz wenige Soldaten im Kasernengebäude, fast alle fuhren nach Hause oder sonst wohin, meist auch nur deshalb, weil sie nicht anwesend sein wollten, sollte es mal wieder Natoalarm geben.

Kulik und noch ein bis zwei Kumpels hatten im ersten Stock auf ihrem Zimmer zwei Doppelbetten zusammengestellt und vögelten das ganze Wochenende die Frauen, in welcher Reihenfolge oder Konstellation auch immer. Manchmal kam er runter und fragte, ob ich auch mal ficken wollte, es sei überhaupt kein Problem und es wären richtig gute Girls. »Danke, aber ich habe eine Freundin, die treffe ich heute Abend, außerdem kann ich das nicht, so wie ihr das hier macht, ich hab da andere Vorstellungen. Aber ich gönne es euch, du kannst mal einen ausgeben, wenn wir uns in der Stadt treffen«, antwortete ich ihm. Diese Frauen waren keine Nutten, aber ganz normal waren sie meiner Meinung nach auch nicht, oder sie waren extrem geil und hatten völlig andere Vorstellungen von Sex und Partnerschaft! Selbst wenn wir im Manöver waren, zum Beispiel in der Lüneburger Heide, dauerte es keine zwei Tage, und Kulik hatte in einem Sani-Kastenwagen eine oder zwei Frauen versteckt, die er und seine Kumpels freudestrahlend Eingeweihten wie mir präsentierte und auch anbot. Er war schon ein verrückter Typ.

Kompaniechef Hauptmann Damm war sehr ehrgeizig und engagiert und wollte seinen Soldaten über das Militärische hinaus auch Bildungsinhalte vermitteln. Dafür hatte er vor Ende der Mittagspause, kurz vor dem Nachmittagsdienst, zwanzig Minuten politische Bildung im Versammlungsraum befohlen. Der Auslöser dafür war eine Fragestunde, die er mal abgehalten hatte, um herauszubekommen, wie es mit unserer allgemeinen und politischen Bildung aussah. Dabei hatte auf seine Bitte, einmal die Bundesländer zu nennen, jemand ernsthaft mit »Innsbruck« geantwortet. Damm war daraufhin regelrecht ausgerastet und hatte dann die tägliche Mittagspause verkürzt. Er begrüßte uns mit den Worten: »So, ihr Innsbrucker, gehen wir mal die Tagesnachrichten durch!« Er klärte uns auf über die aktuelle Politik, ließ in einem bestimmten Rahmen auch Diskussionen zu. Schirakowski und Burow, zwei Kameraden, mit denen ich auf dem Zimmer lag, hatten Abitur, sie hatten mehr Hintergrundwissen und diskutierten oft mit den Vorgesetzten bei diesen Versammlungen.

War Damm nicht anwesend und der Spieß übernahm die Leitung, wehte ein anderer Wind. Dann kamen auch böse Attacken gegen das dreckige Studentengesindel. Da war es dann aus mit Meinungsfreiheit und politisch anderen Ansichten. Ganz fiese Typen wie Unteroffizier Greis haben wir uns auch mal zu zweit »privat« vorgenommen. Er war oft betrunken und schikanierte dann ängstlichere Soldaten mal ganz gerne. Er soll auch im Streit mit seiner Frau sein Kind über das Balkongeländer gehalten haben und wollte es fallen lassen, wenn sie ihr Maul nicht halten würde. Wir haben ihm glaubhaft versichert, dass er, so er sich uns gegenüber nicht anders verhalte, aus keiner Schnabeltasse mehr essen könnte, wenn wir mit ihm fertig wären. Wir könnten das so arrangieren, dass er uns nichts nachweisen könnte. Als Vorgeschmack bekam er bei dieser »Besprechung« gleich einen kurzen, aber heftigen Leberhaken ohne Ansatz verpasst, der ihn noch lange beschäftigte. Nur so konnte man mit manchen Leuten »verhandeln«! Das ging aber nur, wenn man solidarische Freunde hatte, auf die man sich verlassen konnte.

Wir waren zehn junge Männer auf einem Zimmer und lernten uns mit der Zeit immer besser kennen. Oft wurde vor allem abends über private Dinge gesprochen, aber zum ersten Mal erfuhr ich von anderen, vor allem von Burow und Schirakowski, Ansichten über Glauben und Wissenschaften, die völlig neu für mich waren. Durch ihr Abitur waren sie in vielen Bereichen belesener, erfahrener und allgemein besser gebildet als wir anderen. Kuhnert, Mühlinghaus und Wissemann hatten Realschulreife und wir anderen den Volksschulabschluss. Ich hatte ja schon in früher Jugend den Glauben an Gott verloren. Das war mehr oder weniger meine persönliche Reaktion, die sich auf eigene Beobachtungen, Rückschlüsse, Emotionen und auf vermeintliche Ungereimtheiten des Glaubens begründen ließ. Die beiden Abiturienten stellten dem Glauben und der christlichen Religion die wissenschaftlichen Erkenntnisse gegenüber, und ich erfuhr zum ersten Mal etwas über Newton, Kepler und Galilei, über die Zeit der Aufklärung und die Erkenntnisse der Astronomie. Ich war begeistert und konnte nicht genug erfahren! Hier schienen sich meine vielleicht naiven Begründungen endlich zu bestätigen.

Es gab aber auch sehr hitzige und emotionale Diskussionen, war doch einer von uns ein glühender Anhänger des katholischen Glaubens. Helmut kam aus Hofheim im Taunus, war Messdiener gewesen und beschwor diejenigen, die die Argumente der Wissenschaften vortrugen und sie als Wahrheiten bezeichneten, regelrecht, mit diesem sündhaften Gerede aufzuhören! Die Bibel alleine kenne die Wahrheit, und er nahm alles daraus wörtlich, auch wie die Erde erschaffen worden ist, Adam und Eva und alles andere auch. Als die anderen ruhig und gelassen erklärten, es sei erwiesen, dass die Erde nicht in acht Tagen erschaffen wurde, sondern vor Milliarden Jahren zusammen mit dem ganzen Sonnensystem, flippte Helmut regelrecht aus und war innerlich völlig aufgewühlt. Er tat mir ein bisschen leid, wie er mit hochrotem Kopf bis in die Nacht hinein seinen Glauben verteidigte. Sein ganzes Weltbild und vor allem die reine Wahrheit der Bibel wurde durch die Wissenschaften infrage gestellt, und diese Erkenntnis schien ihn tief zu treffen.

Für mich waren diese wissenschaftlichen Erkenntnisse ein wichtiger Ansporn, mir mehr Wissen anzueignen, mehr Konkretes zu erfahren, statt zu glauben oder zu ahnen. Ich nahm mir vor, selber Bücher über Physik, Astronomie und Biologie zu lesen, zu studieren. Wahrscheinlich käme das sowieso zwangsläufig auf mich zu, wenn ich mich weiterbilden wollte.

Dann war endlich das Ende der Wehrdienstzeit in Sicht. In Weilburg fing am 1. September 1968 ein Bildungslehrgang zur Realschulreife an, allerdings vier Wochen vor meinem Dienstzeitende. Ich musste einen Antrag stellen, einen Monat eher den Dienst beenden zu dürfen, denn mit vier Wochen Verspätung die Schule anzufangen, hätte keinen Sinn gehabt. Hauptmann Damm konnte mich ganz gut leiden, außerdem war er immer für Weiterbildung zu haben, er unterstützte mich, der Antrag wurde genehmigt, mir wurden vier Wochen geschenkt, und ich konnte am Weilburger Kursus von Anfang an teilnehmen. Lutrop hatte mich dort angemeldet, mir alle Unterlagen besorgt und einen Wohnheimplatz reserviert. Mit Bruni hatte ich bei meiner Abschiedsfeier abgemacht, dass ich so oft wie möglich an den Wochenenden oder in den Ferien nach Kassel zu ihr kommen würde. Alles schien bestens, und ich freute mich auf die neue schulische Herausforderung.

Kapitel 15

Meine ursprüngliche Planung, mir über die Bundeswehr Geld für Weiterbildung zu beschaffen, war durch meine Kündigung in Sonthofen geplatzt. Ich erhielt jedoch überraschend von meinem Großvater monatlich 200 DM, die meine Mutter bei ihm regelrecht eingefordert hatte, wegen der »Vergangenheit und überhaupt ...«, berichtete sie mir bei einem meiner Besuche. Ich hatte schon überlegt, mir vielleicht durch Gelegenheitsarbeiten an den Wochenenden oder auch hier und da abends das nötige Geld zu verdienen, doch so war das natürlich viel besser, und ich freute mich auf die Schule.

Nach Weilburg bin ich schon einen Tag eher gekommen als alle anderen. Ich wusste von Lutrop, der mich neben der Schule auch im Wohnheim in der Bismarckstraße angemeldet hatte, dass es verschiedene Zimmerkategorien mit mehreren Betten gab, aber nur ein einziges Einbettzimmer. In Kassel beim Bund hatten wir zu zehnt auf einem Zimmer gelegen, von solchen Verhältnissen hatte ich genug, und ich wollte unbedingt das Einzelzimmer ergattern. Hausmeister Kupper war zwar übellaunig, da er schon einen Tag eher gestört wurde; ich bekam das Einzelzimmer trotzdem und richtete mich in bester Stimmung ein. Eingerichtet waren die Schülerzimmer genauso spartanisch wie Bundeswehrzimmer, mit Stahlrohrbett, Spind, Tisch und Stuhl, ein kleines Regalbrett, fertig.

Am nächsten Tag war Einschulung in der Wilhelm-Knapp-Berufsschule. Das Ganze nannte sich Aufbauzug des zweiten Bildungsweges zur Erlangung der Realschulreife für junge Menschen mit Berufsausbildung und dauerte zwölf Monate mit Abschlussprüfung. Von Klassenlehrer Wittich, der Physik unterrichtete, wurden wir mit allen Regeln der Schule vertraut gemacht, bekamen den Stundenplan ausgehändigt, dann erläuterte uns Lehrer Bartels, als verantwortlicher Leiter des Wohnheimes, welche »Gesetze« dort galten. Alles kam mir genauso starr und fest durchstrukturiert vor wie beim Bund. Ich hatte mich auf die Freiheit gefreut und befand mich in fast militärischen Verhältnissen wieder, über die zusätzlich noch ein dümmlicher Hausmeister regelrecht herrschte. Schon bald hatten sich in der Klasse ein paar Schüler kennengelernt und bildeten den harten Kern, der auch immer mehr oder weniger die Richtung vorgab, wenn solidarische Aktionen notwendig waren.

Die in unseren eigenen Leben erfahrenen Verhältnisse der fünfziger und sechziger Jahre, die autoritären Strukturen von Erziehung und Gesellschaft hatten uns geprägt, die Studentenrevolte und der allgemeine Aufruhr beeinflussten uns sicherlich auch, wenn wir nun Solidarität einforderten und damit versuchten, unsere Interessen durchzusetzen. Knippschild, den ich zufällig aus Ottlarer Zeiten von der Berufsschule kannte, sollte von der Schule verwiesen werden, weil er vor dem Wohnheim betrunken die schönen angelegten Blumenfelder zertrampelt und vollgepinkelt hatte. Ihm fehlten sittliche Reife und Verantwortungsgefühl für die Gemeinschaft, warf man ihm vor. Das

Wort »sittliche Reife« wurde oft von Lehrern und sogenannten Respektspersonen benutzt, für uns war das ein Reizwort, dem wir fast schon reflexartig Aggressivität und spontane verbale Kraftausdrücke wie »Scheißgelaber« entgegensetzten.

Zu diesem Zeitpunkt, im Herbst 68, hatten wir noch keinen Kontakt zu den einzelnen politischen Gruppierungen der Universitäten, die Abordnungen in Schulen schickten, um die Schüler aufzuklären und zu politisieren. Hier in Weilburg praktizierten wir Solidarität und Widerstand gegen falsche Autoritäten spontan aus dem Bauch heraus. Im Falle des Schülers Knippschild war die Schulleitung unnachgiebig. Daraufhin ging die Konfrontation so weit, dass ein paar von uns zu Direktor Nowak gingen und ihm ruhig, aber unmissverständlich mitteilten, dass wir geschlossen den Unterricht bestreiken würden und eine Abordnung nach Wiesbaden zum Kultusministerium fahren werde, um dort die Angelegenheit vorzutragen. Wegen solch einer Lappalie könne man die Zukunft eines Menschen nicht zerstören. Unser Vorschlag war, den Schüler angemessen zu bestrafen, das hieß, er müsse sich richtig entschuldigen und das Blumenfeld wieder völlig herrichten.

Nowak beriet sich mit seinen Lehrerkollegen, und sie nahmen tatsächlich unseren Vorschlag an. Und wir haben erfahren, was man mit Solidarität erreichen kann! Diese Solidarität wurde, und das war später des Öfteren zu beobachten, immer von einigen wenigen, die den Mut und die innere Überzeugung hatten, initiiert und durchgesetzt. Oft auch gegen den Willen der restlichen Klasse, denn viele befürchteten einen ausufernden Konflikt, bei dem ein Streik den Verlust des Schuljahres hätte bedeuten können. Uns »Anführern« war in diesem konkreten Moment egal, welche Konsequenzen unser Handeln nach sich ziehen konnte, hier ging es um das fehlende Augenmaß der Verantwortlichen, um überzogene Konsequenzen.

An den Wochenenden fuhren die meisten Schüler nach Hause, doch in der übrigen Zeit hatten wir untereinander Freundschaften geknüpft und gingen abends aus, meist ins Lasceaux, eine kleine Musikkneipe in Weilburg. Hier liefen in der Musicbox die neuesten Hits, und hier lernte ich auch meine Mitschülerin Angelika näher kennen. Schon bald tanzten wir eng umschlungen den ganzen Abend lang. Sie hatte ein kleines Zimmer mit Kochnische bei einer Witwe gemietet, und wir verabschiedeten uns nicht ohne intensives Küssen vor dem Haus. Danach begann eine verliebte Zeit mit ihr, jedoch litten wir unter den fehlenden Möglichkeiten, uns zu treffen. Die Witwe achtete mit teuflischer Präsenz darauf, dass das Fräulein keine Männerbesuche in ihrem Haus hatte. Nur einmal hatten wir sie überlistet und trafen uns bei ihr und konnten ein bis zwei Stunden unsere Verliebtheit genießen.

Im Wohnheim wurde kurze Zeit später ein Platz frei, und sie zog bei uns ein. Hier war die Freiheit, uns zu treffen, nicht viel größer, denn die Moralvorstellungen dieser Zeit ließen keine gemischten Geschlechter unter einem Dach zu. Es gab damals noch den Kuppelei-Paragrafen, und auf den wurde sich immer berufen.

Im Wohnheim gab es eine strikte Trennung: Im zweiten Stock wohnten die Frauen und die Hausmeisterfamilie. Zwischen den Stockwerken gab es eine von innen abgeschlossene Trennungstür, für die nur die Frauen einen Schlüssel hatten. Wollte ein männlicher Schüler eine Frau besuchen, musste er klingeln, sich beim Hausmeister an- und abmelden und durfte maximal 15 Minuten bleiben. Für uns beide Verliebte blieb trotzdem genügend Spielraum. Seltsamerweise war der umgekehrte Vorgang – Frau besucht Mann – nicht so streng reglementiert. Ich hatte ein Einzelzimmer, und Angelika besuchte mich öfters.

Der Hausmeister nahm den Job als »Sittenwächter« sehr ernst. Für uns Erwachsene war das natürlich ein Affront, vor allem, wenn er nicht nur überraschend auftauchte, sondern oftmals quasi im Anklopfen die Türe öffnete und monierte, dass man zusammen auf dem Bett saß oder »bengalische« Beleuchtung anhatte, also durch ein farbiges Tuch, über die Schreibtischlampe gehängtes, gedämpftes Licht. Diese Art der Beleuchtung war verdächtig. Es dauerte nicht lange, und ich musste mein Einzelzimmer räumen und in ein Dreibettzimmer zu den Bernsdorf-Brüdern ziehen. Der Heimleitung war die Beziehung zwischen Angelika und mir zu gefährlich, untergrabe sie doch den herrschenden Moralkodex des Wohnheimes. Es entwickelte sich ein immer intensiveres, sehr verliebtes Verhältnis zwischen uns, und ich konnte in jeder Faser spüren, dass ich mehr empfand für sie als für alle bisherigen Freundinnen.

Ich schrieb Bruni ein paar Wochen später einen kurzen Brief und teilte ihr mit, dass ich an einem bestimmten Tag kommen würde, um mit ihr zu reden. Ich fuhr an diesem Tag nach Kassel, um mich von ihr zu verabschieden, aber auch, um ihr zu erklären, was passiert war. Ich fand, das war ich ihr schuldig. Wir verbrachten ein paar traurige Stunden in Kassel miteinander, es wurde nicht viel geredet, es war erstaunlich, wie aus großer Vertrautheit und Intimität innerhalb kürzester Zeit so ein innerer Abstand bei mir entstehen konnte. Gegen Abend begleitete sie mich zum Bahnhof, wir küssten uns zum Abschied flüchtig und versprachen uns, in brieflichem Kontakt zu bleiben. Später habe ich noch öfter an diesen Abschiedstag gedacht und mich gewundert, wie ruhig und fast gelassen Bruni reagiert hatte. Ich hatte mit einer aufregenden und wütenden Szene gerechnet, vielleicht hatte sie es schon geahnt, oder vielleicht hatte sie auch in der Zwischenzeit jemanden kennengelernt. Ich habe noch oft an sie gedacht, aber wir haben nie wieder Kontakt aufgenommen und uns nie wieder gesehen.

Hier in dieser Schule stellte ich fest, dass ich in den meisten Fächern keinerlei Schwierigkeiten hatte, nur Mathe gab ich nach anfänglichen, ernsthaften Versuchen auf. In meinem Unterbewusstsein war laut Lehrer Marquart von der damaligen Kasseler Abendschule anscheinend fest verankert, dass ich das nie kapieren würde, und das bewahrheitete sich auch jetzt wieder. Geometrie und Physik gingen noch, aber Algebra verstand ich nicht, und sie war mir daher auch zuwider. Ich kannte aber jemanden, für den Mathe überhaupt kein Problem war, sondern der das Fach auch noch gerne mochte. Das war mein Mitschüler Wilfried aus Dorn-Assenheim, im Kreis Friedberg gelegen. Bei Klassenarbeiten schummelten wir so gekonnt, indem er mir ein oder zwei Lösungen per Spickzettel aufschrieb und zukommen ließ, auch wenn er die andere Aufgabengruppe hatte. Somit war meine Note Fünf oder sogar Vier gesichert. Besser durfte ich nicht sein, das wäre aufgefallen, denn im Unterricht konnte ich vom Mathelehrer gestellte Aufgaben gar nicht oder nur schlecht beantworten. Für Wilfried war das überhaupt kein Problem, sondern eher sportlicher Ehrgeiz, und ich glaube, dass er auch noch für andere Schüler »lieferte«. Da er auch zum erwähnten engeren, befreundeten Kreis zählte, war es für ihn ein Freundschaftsdienst, der keine moralischen Bedenken mit sich brachte.

Ich merkte, dass ich in den sprachlichen Fächern mehr Begabung mitbrachte und auch Freude an Deutsch oder Englisch entwickelte. Ich wurde zum ersten Mal im Leben mit Literatur konfrontiert. Frau Hiller, die Deutschlehrerin, stellte eine Auswahl von Autoren vor, aus der wir uns für ein Referat einen aussuchen sollten. Ich wählte Günter Grass, las *Die Blechtrommel*, *Hundejahre*, *Katz und Maus* und Gedichte. Ich konnte das Referat mit Note Zwei abschließen, merkte jedoch während der Erarbeitung der Grass'schen Werke, dass ich keinen Zugang zu seiner Literatur fand, ich verstand sie nicht richtig und seine Wortspielereien – vor allem in *Hundejahre* – gefielen mir auch nicht. Warum muss man bei einem Autor auf Interpretationen angewiesen sein, um ihn zu verstehen, dachte ich. Gab es Intellektuelle, die das sofort verstanden und auch gut fanden? Seltsam.

Trotzdem hatten Deutsch und die Literatur hohe Anziehungskraft für mich, auch der Unterricht von Frau Hiller war interessant, konnte man doch mit ihr über die Literatur hinausgehend auch aktuelle Fragen aus Kultur, Gesellschaft und Politik ansprechen und sogar mit ihr diskutieren.

Es war lange nicht vorgekommen, doch plötzlich überfiel mich regelrecht ansatzlos und ohne konkret erkennbaren Anlass wieder eine tieftraurige Stimmung, in deren Tiefpunkt sogar auch Todesgedanken vorkamen. Ich lag wieder mal im Bett und wollte nichts hören und sehen. Nur alleine sein zu können war nicht möglich, hatte ich doch mit den Bernsdorf-Brüdern zwei Mitbewohner auf dem Zimmer. Aber die beiden redeten sowieso nicht viel, und bemerkten sie meine Stimmung, kam kein Laut mehr von ihnen. In solch einem Stimmungstal hatte ich meine Emotionen mal in ein Gedicht einfließen lassen, das vier Strophen umfasste und den Titel hatte: *Wär ich als Kind doch bloß gestorben.* Es handelte davon, dass ich alles leid war, aber auch zu feige, allem ein Ende zu setzen. Ich habe es irgendwann später weggeworfen, ich weiß nur noch, dass es einer von den Freunden Frau Hiller gezeigt hatte, die daraufhin furchtbar erschrocken war, wie ein Zwanzigjähriger, der doch das Leben noch vor sich habe, so ein Gedicht schreiben könne. Sie wollte mich nach dem Unterricht unbedingt einmal sprechen, aber ich kniff vor ihr und dem, was sie mir womöglich hätte sagen wollen, und ging nicht hin.

Wilfried hatte auch mit den anderen Fächern kein Problem, Mathe war natürlich sein Lieblingsfach, ob er an Literatur genauso interessiert war, weiß ich nicht. Wie noch sechs, sieben andere Schüler war er auch Landwirt auf dem väterlichen Bauernhof. Sein Ziel war es, so wie meines, nach dieser erreichten Realschulreife auf die Agraringenieurschule nach Witzenhausen bei Kassel zu gehen, um dann als Ingenieur im Fach Landwirtschaft seine Chancen wahrnehmen zu können. Es zeichnete sich immer mehr ab, dass die Landwirtschaft schon in naher Zukunft, bedingt durch Spezialisierung und Gesetze, keine dauerhaft gute Berufswahl mehr sein konnte. Für mich sowieso nicht, da wir keinen eigenen Hof hatten. Ich hatte mir schon während der Bundeswehrzeit Unterlagen des Deutschen Entwicklungsdienstes zuschicken lassen und spielte mit dem Gedanken, als Agraringenieur in Entwicklungsländer zu gehen. Ich hatte dabei kein spezielles Land vor Augen, Micha meinte dazu in seiner typischen Art: »Du bist doch nur an den geilen schwarzen Weibern interessiert, gib's zu!«

Michael war ein ganz spezieller Typ! Er teilte sich zusammen mit Wilfried ein Zimmer im Wohnheim, war aber oft über Nacht nicht da. Er kam aus einem »problematischen Elternhaus«, wie er es selbst ausdrückte. Sein Vater war Arzt und hatte in Herborn, einer Kleinstadt in der Nähe von Wetzlar, seine Praxis. Michas Zuhause war Vaters Pferdehof, mit Reitstall und allem, was dazugehörte. Zusätzlich betrieben sie Landwirtschaft auf eigenen und zugepachteten Flächen. Er erzählte uns, dass sein Vater ein ekelhafter Despot sei, mit dem er nur über das Notwendigste spreche. Die Konflikte der beiden hatten dazu geführt, dass er das Gymnasium abgebrochen und Landwirtschaft erlernt hatte. Ob er die Lehre abgeschlossen hatte, ließ er offen, jedenfalls führte er zusammen mit einem Knecht oder Gehilfen neben der Schule in Weilburg den Hof weiter. Darüber schien er sich mit seinem Vater geeinigt zu haben. Welche Dimensionen die Konflikte der beiden annehmen konnten, schilderte er anhand eines drastischen Vorfalles. Sein Vater hatte ihm, dem eigenen Sohn, die Freundin ausgespannt, und bei der lautstarken Aussprache zu dritt habe es auch Ohrfeigen und Schläge gegeben. Dabei sei die Freundin nach einem Schlag von ihm mit dem Kopf auf den Heizkörper geknallt und besinnungslos liegen geblieben. Sie hatten entsetzt geglaubt, dass sie tot sei, aber zum Glück habe sie nur eine Gehirnerschütterung davongetragen. Seine Eltern seien geschieden und der Vater ein geiler Bock, der alles vögelte, was er nur bekommen konnte.

Im Laufe des Weiburger Schuljahres lernten wir Micha besser kennen und erkannten, dass er wohl nicht viel anders war als sein Erzeuger. Er hatte neben seiner Freundin Gisela auch wahllos andere Frauen, hatte immer hinterhältige Späße im Kopf und neigte zu Gewalttätigkeit. Die Zukunftspläne vieler an dieser Schule wurden entscheidend beeinflusst, als Micha eines Tages in der großen Pause mit dem Satz herausplatzte: »In Wetzlar gibt es eine Schule, die heißt Hessenkolleg, da kann man, wenn man die Realschulreife und einen Beruf hat, das Abitur nachmachen!« Die meisten von uns reagierten kaum, denn Abitur und Hochschulreife waren in unserem Denkvermögen nicht verankert, kamen wir doch aus Elternhäusern, in denen niemand auch nur in die Nähe einer Universität gekommen war, außer Micha, dessen Vater ja Arzt war. Irgendwann danach konfrontierte er uns mit dem Termin der Aufnahmeprüfung und redete beschwörend auf uns ein, die Prüfung mitzumachen, einfach nur aus Spaß oder damit wir sehen könnten, wo wir, was den geforderten Wissensstand betrifft, stehen, oder auch: »Man weiß ja nie …!«

Vielleicht wollte er uns auch nur zur Unterstützung dabeihaben. Jedenfalls konnte er uns überzeugen, wir sahen es sportlich und fuhren zu zehnt nach Wetzlar und machten gemeinsam die Aufnahmeprüfung und einen IQ-Test. Einige mussten später noch einmal hin zur zusätzlich mündlichen Prüfung, aber alle von uns hatten bestanden!

Eckhart war Gärtner und acht Jahre älter als ich. Er hatte eine Freundin, die ihn meistens freitags nach der Schule abholte und mit nach Hause nahm in ihre gemeinsame Wohnung in Offenbach. Sie hieß Brigitte, war eine sehr attraktive, wie eine Spanierin aussehende, schwarzhaarige Frau. Die beiden hatten sich schon vor dem Mauerbau in der DDR kennengelernt und nicht mehr aus den Augen verloren. Eckhart erzählte uns, unter welchen Umständen er sie in den Westen geholt hatte. Er war in der Zeit ein paarmal nach Ost-Berlin geflogen, und sie hatten sich im Ostsektor heimlich getroffen. Dort hatten sie auch Brigittes Flucht in den Westen bis ins Kleinste geplant und vor ungefähr einem Jahr durchgeführt.

Als er uns die Flucht schilderte, lief es uns doch eis-kalt über den Rücken. Sie hatten sich Taucheranzüge besorgt und bei ihren heimlichen Treffen im Osten damit nachts in einem See trainiert. Diese Variante der Flucht schien ihnen gegenüber den anderen Alternativen noch die sicherste, aber schon während des Trainings bei völliger Dunkelheit und Kälte hatte Brigitte Angstzustände unter Wasser bekommen, und so war der Tag der Durchführung ihrer Flucht schon von vorneherein mit Zweifeln belegt. Als sie dann in der Tschechoslowakei nachts in den ausgesuchten Grenzfluss eintauchten, war es völlig dunkel unter Wasser, und sie wollten sich mehr oder weniger blind vorantreiben lassen. Brigitte konnte vor lauter Panik nicht tauchen, darum trieben sie an der Oberfläche dahin, passierten auch eine Brücke, auf der Grenzer mit Waffen patrouillierten. Eckhart meinte, es sei auch gut möglich, dass die tschechischen Soldaten sie im Mondlicht bemerkt, aber Gott sei Dank nicht geschossen hätten. Auf diese aufregende Art war Brigitte jedenfalls glücklich in den Westen gekommen. Sie hatte in der DDR Zahnmedizin studiert, musste aber hier bei uns in der Bundesrepublik noch vier Semester in einigen Fächern zusätzlich absolvieren, damit sie ihr Studium anerkannt bekam.

Kapitel 16

Ende des Jahres 1968 wurde mein Großvater krank, er lag schon längere Zeit im Bett, und meine Mutter glaubte nicht mehr an seine Genesung. Nachdem er damals seine jüngere Tochter Erika ins Haus geholt und mit ihr alles umgebaut und neu gestaltet hatte, dauerte es nicht lange, und es gab neuen Unfrieden in dieser Familie. Als wir damals wegzogen und Erika mit ihrer Familie zu Großvaters aktuellen Lieblingen wurde, schickte mich meine Mutter oft in den Sommerferien zu ihnen nach Ober-Gleen. In Marburg setzte sie mich in den Bus bis Kirchhain, dort stieg ich in einen anderen um und kam in Ober-Gleen an. Manchmal hatte sie vergessen, ihrer Schwester eine Karte zu schicken, mit der sie mich ankündigen sollte. Ich wurde nie freundlich empfangen von meinen lieben Verwandten, musste immer kuschen, beim Essen durfte ich mir erst als Letzter aus den Schüsseln nehmen, überhaupt war es einfach unerträglich, sich in diesem Haus aufzuhalten. Sie ließen mich immer spüren, dass ich unerwünscht war.

Ich war dann meist den ganzen Tag über bei Bauern, die ich kannte, die mich auf dem Feld manchmal den Traktor fahren ließen, oder ich war mit meinen alten Freunden Werner und Norbert unterwegs. Jeden Abend saß meine Oma lange an meinem Bett und erzählte mir langatmig von früher, vor allem, dass meine Mutter ungehorsam gewesen sei, als sie sich mit meinem Vater eingelassen habe, dass ich ohne Vater hatte aufwachsen müssen, sei die Strafe für ihren Ungehorsam, und ich müsste immer darauf achten, dass ich nicht so ein Säufer wie mein Vater würde. »Sei demütig und gehorsam«, das waren ihre Lieblingsworte, damals wie heute. Das waren zwar meist mich deprimierende Geschichten, die sie mir immer wieder vorleierte, aber ich war wenigstens nicht alleine, und ich wusste außerdem, dass sie es gut meinte. Diese kleine abgearbeitete, immer in Schwarz gekleidete Großmutter hatte immer ein kleines Taschentuch parat, das sie meistens benutzte, um ihre Tränen zu trocknen, oder einfach nur mit ihren Fingern zerwühlte.

Wenn ich aus so einer Ferienzeit wieder nach Marburg zurückkam, war ich oft aufsässig und ungehorsam, ja ablehnend gegenüber meiner Mutter. »Die haben dich wieder gegen mich aufgehetzt«, schimpfte sie dann, und oft gab es auch Ohrfeigen und Tränen. Meine Mutter bezichtigte ihre Mutter ein ums andere Mal der Falschheit. Ich war dann emotional hin- und hergerissen, konnte aber nie so richtig nachvollziehen, was sie meiner Großmutter vorwarf. Schon kurz jedenfalls, nachdem alles erblich meiner Tante übertragen war, gerieten die Großeltern mit Erika und ihrer Familie mehr und mehr in Streit miteinander. Das merkte ich bei meinen Ferienbesuchen, und das gipfelte darin, dass die beiden Alten sich ab einem bestimmten Tag oben im Haus, in zwei kleine Stübchen flüchtend, alleine versorgen mussten.

Ich hatte mich irgendwann geweigert, dort wieder hinzufahren. Dadurch hatte ich einige Jahre so gut wie nichts mitbekommen, keine Kontakte mehr zu den

Großeltern, bis kurz vor meiner Weilburger Schulzeit. Meine Mutter wohnte jetzt mit Lutrop in Erikas ehemaligem Haus im Nachbarort Kirtorf und ließ sich wieder von meinen Großeltern einlullen, sie an den Wochenenden zu sich zu holen oder überhaupt sich um sie zu kümmern. Sozusagen im Gegenzug hatte sie meinem Opa abgerungen oder ihn überzeugt, meinen Unterhalt mit 200 DM monatlich in Weilburg zu unterstützen. Ich bekam das Trauerspiel in diesem Elternhaus mit Tante Erika ja nur am Rande mit, aber gelegentlich, wenn ich am Wochenende mal in Kirtorf war, holte ich mit Lutrop die Großeltern ab. Dabei mussten sich die beiden Betagten aus dem doch ehemals eigenen Hause stehlen, als hätten sie was verbrochen, denn Erika fand es unmöglich, dass sie wieder mit meiner Mutter »paktierten«, wie sie es ausdrückte. Gesprochen wurde nicht miteinander, nur böse Blicke einander zugeworfen.

Nun lag also mein Opa im Sterben. Mutter und Lutrop mussten dort hinfahren, um ihn und Oma in ihrem eigenen Haus zu versorgen. Erika kümmerte sich nicht ein einziges Mal mehr um ihre Eltern, ich fragte mich immer wieder, was in diesen Köpfen vor sich gehen mochte, konnte nicht verstehen, was für ein Hass dem zugrunde lag oder welche Verletzungen dazu geführt hatten, dass man die, die einem am nächsten stehen, so ablehnen kann. Mir kamen sie oft vor wie verbohrte, in einer eigenen kleinen Welt lebende Holzköpfe. Ihr Horizont schien nicht über den nächsten Berg zu reichen.

Zum Schluss kämpfte Opa über vier Wochen lang,

war anfangs noch ab und zu bei Bewusstsein, später dann nicht mehr. Er konnte nicht sterben. Es peinigte ihn wohl sein ganzes vergangenes Leben. Als ich an seinem vorletzten Wochenende eine Nachtwache halten sollte und von meiner Mutter mit den Worten »Peter ist da« angekündigt wurde, setzte er sich plötzlich ruckartig in seinem Bett auf, sah mich mit großen Augen an und rief laut aus: »Peter, spann die Pferde an!« Bis dahin hatte er wie im Koma gelegen und stundenlang sehr laut vor sich hin gestöhnt und gemurmelt. Dann sagte er noch, sich mit einer Hand an den Kopf fassend, als müsste er angestrengt nachdenken oder ein paar peinigende Gedanken wegwischen: »Ich habe alles falsch gemacht im Leben, alles!« Das waren seine letzten Worte!

Er kämpfte noch weitere acht Tage und Nächte, mit offenem Mund stöhnend, mit blauen, pergamentartigen Lippen, die wir immer feucht hielten. Lag dort mit dünnen, abgemagerten Ärmchen, Händen zu Pfötchen verkrümmt in seinen zerwühlten Kissen. Ich konnte schon lange nicht mehr weinen, aber ich war sehr traurig und deprimiert. Er tat mir leid, und innerlich hatte ich ihm schon längst verziehen, wie er mich als Kind behandelt hatte. Ich verzieh ihm wirklich alles, er sollte nur aufhören, so schlimm zu stöhnen, so zu leiden, und endlich sterben können. Oma betete an seinem Bett fast ohne Unterlass, vermutlich zu ihrem Heiland. Ich weiß nicht, was sie für ihn erbat, vielleicht ein gnädiges Ende oder dass er ihn in sein Reich aufnehmen solle. Ich wünschte es ihm auch von Herzen.

Kurz vor Weihnachten hatte er dann endlich seinen

letzten Atemzug getan. Mutter und ich zogen ihm seinen schwarzen Sonntagsanzug an, mit weißem Hemd und schwarzer Krawatte, dann trug ich ihn die Treppe hinunter vor die Tür und legte ihn in den bereitgestellten Sarg. Er war ja nur noch Haut und Knochen. Als ich unten an Erikas Zimmern vorbeikam, schrie sie laut vor Zorn und Hass Worte, die ich nicht mehr alle genau weiß, aber unter anderem hörte ich auch, dass jetzt endlich, endlich Ruhe in dieses Haus einkehre, weil der Alte tot sei! Ihr Mann und ihr Sohn standen hinter ihr. Als ich Opa ordentlich in den Sarg gelegt hatte, bin ich zurück und habe zwar laut, aber ruhig gedroht: »Wenn ihr schlimmes Pack jetzt noch ein lautes Wort von euch gebt, hau ich euch die Köpfe ein!« Sie haben mir angesehen, dass ich es ernst meinte und dazu in der Lage war! Sie zuckten zurück, aber sie gingen nicht mit auf den Friedhof und auch nicht zur Trauerfeier. Das waren schlimme Tage. Danach habe ich dieses Haus nie wieder betreten.

Kapitel 17

Es war Anfang 1969, die Zeit flog dahin, und im Mai standen schon die Abschlussklausuren an. Außer Becki, der nicht nur in Mathe schlecht war, schafften alle ganz prima den Abschluss, und plötzlich stand für uns eine Entscheidung an. Wir hatten jetzt die angestrebte Realschulreife, doch wie könnte, sollte es weitergehen? Es hatte sich ein Wandel im Denken vollzogen, denn fast alle unserer Clique wollten nun das Abitur in Wetzlar anstreben. Wir hatten mehr aus Jux die Aufnahmeprüfung gemacht, und jetzt erfüllte sich Michas Prophezeiung, dass dieser Schritt noch einmal wichtig sein könnte. Ein vorher fast undenkbarer Gedanke – Abitur – hatte sich nicht nur in meinem Kopf festgesetzt und an Faszination gewonnen. Obwohl wir aus ungebildeten Familienhäusern kamen, hatten wir hier in Weilburg erfahren, dass wir vielleicht dazu in der Lage waren, mehr zu erreichen. Konnte ich das schaffen, obwohl mein bisheriges Leben dafür nun wirklich keine Voraussetzungen mit sich gebracht hatte? Abitur zu machen war ein hohes Ziel für alle von uns, vielleicht stellte es eine Hürde dar, an der wir scheitern konnten, aber unser Mut überwog Angst und Bedenken. Schließlich blieben wir auch als Freunde zusammen, das bestärkte uns zusätzlich. Alle meldeten sich in Wetzlar an, ab September sollte es losgehen. Alle außer Angelika, denn: Sie war schwanger!

Jetzt hatten wir aber ein echtes Problem, denn wir waren beide mitten in unserer angestrebten Weiterbildung, jetzt mussten wir alles unter einen Hut bekommen. Konsequente Verhütung war immer schwierig gewesen, denn die Pille war nur schwer erhältlich und Kondome oftmals keine vorhanden. Aber Abtreibung war für uns auch nie ein Thema, weil wir prinzipiell beide dagegen waren. Hätten unsere Eltern abgetrieben, gäbe es uns nicht auf dieser Welt, und bei allen Schwierigkeiten empfanden wir es schöner zu leben, als nicht existent zu sein, wenn man mal von meinen wiederkehrenden, schlimmen Stimmungstiefs absah. Dies mag zwar möglicherweise eine philosophisch falsche Argumentation sein, doch wollten wir dem entstehenden Menschen das Recht auf Leben nicht verwehren. Angelikas Bruder Hermann hatte für sich und seine Verlobte, in Angelikas Heimatort, eine kleine Zweizimmerwohnung, bestehend aus Küche und angrenzendem Schlafzimmer, gefunden. Die stellte er uns großzügig zur Verfügung, hier konnten wir ab September einziehen, er wollte sich was anderes suchen. Wir wollten versuchen, beides zu schaffen, Weiterbildung und Familie mit Kind. Zwischen Weilburg und dem Beginn des Hessenkolleg-Lehrganges lagen noch drei Monate, in denen ich in Wetzlar bei Michael in einer Dachwohnung lebte und im Straßenbau bei einer Firma aus Burgsolms arbeitete. Dieser Sommer 1969 war abartig heiß, das Arbeiten im Straßenbau – für 4,38 DM die Stunde – kam schon einer Bestrafung gleich.

Nachts noch unter der Hitzeglocke der Dachwohnung auszuruhen war fast unmöglich. Dabei ging es mir noch vergleichsweise gut, ich hatte körperlich zuvor schon viel gearbeitet, die anderen Aushilfskräfte waren fast alle 16 bis 18 Jahre alte Schüler. Deren Hände sahen nach ein paar Tagen mit Spitzhacke und Schippe stellenweise aus wie rohes Fleisch. Zukünftig musste ich in den Ferien und, wenn möglich, auch neben der Schule Gelegenheitsarbeiten annehmen. Angelika war gelernte Apothekenhelferin, sie nahm eine Teilzeitstelle an ihrem alten Arbeitsplatz an. Im September 1969 heirateten wir – auf Wunsch meiner Schwiegereltern ganz traditionell – und zogen in die kleine Wohnung ein.

Vorher waren wir im Sommer an einem Wochenende zu meiner Mutter nach Kirtorf gefahren, um ihr mitzuteilen, dass Angelika schwanger sei und wir heiraten wollten. Sie machte eine schlimme Szene mit Vorwürfen und Beleidigungen, wie ich ihr das antun könnte und wie das überhaupt weitergehen sollte. Dieses Verhalten überraschte und enttäuschte mich sehr, hatte ich doch auf Verständnis und Hilfe oder Unterstützung gehofft. Als ich mit 16 Jahren auch vor ihr und ihren hilflosen Schlägen geflüchtet war, hatte ich eine räumliche Distanz schaffen und sie auch innerlich spüren können. Jetzt schuf sie ihrerseits durch ihre aufschäumende Wut und ihre emotionalen Attacken einen tiefen Graben in unserer Beziehung.

Auch an unserem Hochzeitstag verhielt sie sich unmöglich! Sie stänkerte regelrecht über alles. Ich glaube, sie war eifersüchtig, weil wir nun hier leben würden, und sie fühlte sich wohl auch bei allen Planungen, unsere Zukunft betreffend, außen vor. Obwohl ich schon seit Jahren nur sporadisch zu ihr fuhr und ein eigenständiges Leben führte, hatte sie das anscheinend nie richtig akzeptiert und in ihrer Heimat das eine oder andere Bauernmädchen ausgemacht, in dessen Familie ich dann als Landwirt oder Agrar-ingenieur hätte einheiraten können. Sie hatte immer noch andere Pläne mit mir, akzeptierte meine Selbst-ständigkeit nicht und war enttäuscht, dass ich mein Leben selber plante, ohne sie.

Im Hessenkolleg begann das erste Semester mit einem halbjährigen Vorbereitungslehrgang, in dem Unterschiede in der Vorbildung der einzelnen Teilneh-mer ausgeglichen werden sollten. Danach konnten die Schüler aus verschiedenen Kursen auswählen, je nach Neigung und Vorbildung. Biologie, Mathematik, Sprache und Volkswirtschaft waren die Kurse, die als Schwerpunkte bis zum Abitur führten. Im Erdgeschoss und Keller des Gebäudes lagen die Unterrichtsräume, im Stockwerk darüber hatte die Hessische Lehrerfort-bildung ihre Räume, im zweiten Stock lag das Wohn-heim und darüber die Kantine. Das Wohnheim war nicht wie in Weilburg nach Geschlechtern getrennt, sondern alles war völlig vermischt und frei! Nur ein Jahr später fanden wir »Weilburger« jetzt freiheitliche Strukturen vor, die wir nicht für möglich gehalten hat-ten. Von den politischen Demos in den Großstädten und an den Universitäten wurde die politische Einstel-lung der Kollegschüler, die sowieso schon mehrheit-lich »progressiv« eingestellt waren, stark beeinflusst. Abordnungen linker Unigruppierungen kamen ins Kol-leg und »informierten« die Schüler über den Klassen-kampf. Eine Vollversammlung jagte die andere, Unterricht wurde abgebrochen und »Sit-ins« abgehalten, Schülermitbestimmung am Lehrplan gefordert, die Autorität der Lehrer unterlaufen. Mehr oder weniger alle waren von linken Idealen überzeugt, es entstand hier mehr und mehr ein Lebensgefühl, ja ein »Realitätsgefühl« einer großen Mehrheit, die auf die gesamte Gesellschaft übertragen werden sollte: Die Wahrheit war links, und die Revolution stand dicht bevor!

In diese hyperaktive, hektische und trotzdem lernintensive Zeit hinein wurde am 16. Februar 1970, einen Tag vor meinem 22. Geburtstag, unser Sohn Maximilian geboren. Jetzt kam in all diese aufregenden Zeiten auch noch ein kleiner Mensch in unser Leben, für den wir Verantwortung trugen. Wie konnten wir das schaffen, ohne zu scheitern? Das Hauptproblem war der Mangel an Geld für den Lebensunterhalt. Angelika ging zwei bis drei Stunden täglich in die Apotheke arbeiten, ich nahm Nebenjobs an und ging in den Ferien arbeiten. Angelikas Mutter übernahm unseren Sohn, wenn es nicht anders ging. Wenig oder fast nichts zu haben waren wir ja gewohnt, und es machte uns nicht viel aus, wir träumten von besseren Zeiten in der Zukunft, die zwar ungewiss war, aber dafür kämpften wir optimistisch.

Wir wollten unser Kind auf jeden Fall anders erziehen, als unsere Eltern uns erzogen hatten. Angelika hatte zwar auch ein paarmal in ihrem Leben von ihrer Mutter Schläge bekommen, aber hauptsächlich war ich das Elternteil, bei dem eine neue Methode – die antiautoritäre Erziehung – Begeisterung hervorrief. Das Buch von A.S. Neill – *Theorie und Praxis der anti-*

autoritären Erziehung – Das Beispiel Summerhill – ver-
schlangen wir beide regelrecht, und uns war von da
ab klar: Es gibt keine bessere Erziehungsmethode als
die antiautoritäre, und sie war für uns genau passend!

Kapitel 18

Die allgemeine linke Stimmung und das liberal geführte Wohnheim des Kollegs begünstigten auch im etwas provinziellen Wetzlar die sexuelle Befreiung oder zumindest Liberalisierung der erwachsenen Kollegschüler. Das Motto »Wer zweimal mit derselben pennt, gehört schon zum Establishment« war hier auch angesagt, wenn es auch immer noch viele feste Paare gab. Neben all der Politisierung wurde zusätzlich noch psychologisiert, Freud, Reich und Fromm gelesen und darüber diskutiert, ob es noch zeitgemäß sei, nur einen Sexualpartner zu haben. Als Fremdgehen im herkömmlichen Sinne wurde das nicht mehr bezeichnet, sondern als notwendige Erfahrung im Sinne befreiender Veränderung und Selbstverwirklichung verstanden. Im Gegensatz zu Weilburg ein Jahr zuvor interessierte sich niemand im gemischten Wohnheim des Kollegs dafür, wer mit wem auf welchem Zimmer Kontakt hatte. Bei Kolleg-Partys ging es hoch her mit Livemusik, Alkohol, Hasch und freiem Sexleben.

Bernhard und Detlef waren in der DKP und lieferten uns ständig neue politische Informationen und vor allem: echte Wahrheiten! Wer hautnah dranbleiben wollte, las Marx und Engels. Jegliche linke Literatur, die gegen den amerikanischen Imperialismus wetterte, war willkommen, Sozialismus war das anzustrebende Ziel. Alle Linken waren der festen Überzeugung, dass nur die richtige Erziehung und politische Bildung den Menschen wesentlich prägt. Diese Überzeugungen müssten mit linker Politik durchgesetzt werden, um auch erwachsene Menschen zu ändern und damit die Gesellschaft. Individuelle Eigenheiten müssen nivelliert werden, genetisch bedingte Prägungen hätten nur unwesentlichen Einfluss. Gleichzeitig erkannte man, dass individuelle Freiheit und Selbstverwirklichung anzustrebende Ziele sind, um die autoritäre Gesellschaft mit ihrer repressiven Politik zu überwinden.

Um diese Ziele vielleicht zu erreichen, wurden neben politischen Inhalten auch psychologische Erkenntnisse erarbeitet und oftmals heiß diskutiert. Auch auf diesem Wissensgebiet war uns Bernhard weit voraus. Als wissenswert wurde uns die Trieblehre Freuds nahegelegt. Vor allem die »wissenschaftlichen« Erkenntnisse seines Schülers Reich hatten es Bernhard angetan. Er empfahl uns dringend Reichs bekanntes Buch: »Die Funktion des Orgasmus«. Stand für Freud vor allem die Triebsublimierung als Bedingung für kulturelle Entwicklung im Vordergrund, ging Reich noch weiter und stellte einen wesentlichen Zusammenhang fest zwischen Neurosenbildung und gestauter Sexualenergie. Einfacher ausgedrückt habe die gestörte orgastische Potenz ihre Ursache in Verdrängungsmechanismen autoritärer Familien- und Partnerstrukturen.

Reichs Untersuchungen waren stellenweise hochbrisant, führte er doch Versuche mit kopulierenden Paaren und masturbierenden Einzelpersonen durch. Er schloss sie an Elektroden an, maß ihre Erregungskurven und stellte seine Schlussfolgerungen auf. Wir amüsierten uns köstlich über diese Versuche, doch Bernhard war es ernst damit! Er fand alles, was Reich behauptete, sehr plausibel und passend zur linken Forderung nach Veränderung der repressiven Familienpolitik. Er ging sogar so weit zu behaupten, dass nur ein langandauernder Geschlechtsverkehr mit Penis und Vagina den »richtigen« Orgasmus liefern würde. Klitoraler Orgasmus oder alle sonstigen Varianten seien falsch und würden zu Neurosen führen. Wenn wir meinten, dass ein »Verzögern« des Orgasmus durch Ablenkungsmanöver erreichbar wäre, hielt er dies ebenfalls für falsch. Wir lachten ihn aus wegen seiner strikten Überzeugungen und fragten, wie das Moni finde, wenn er sie wissenschaftlich korrekt vögelte.

Er und seine DKP-Genossen waren in linker Agitation geschult, und in politischen Diskussionen war es immer schwer, ihnen argumentativ zu widerstehen oder die eigene Meinung plausibel darzustellen. Er fuhr während der Kollegzeit mindestens zweimal in die DDR, um dort an Schulungen teilzunehmen. Angeblich waren es Fortbildungen, die die Gewerkschaften initiiert und finanziert hatten. Ich fragte mich manchmal, was sie in der DDR geboten bekamen, worin sie dort geschult wurden, was sie lernen konnten außer Agitation. Ich kannte mindestens zwei seiner Mitschüler, die sich darüber freuten, wenn Bernhard zur Fortbildung weg war. Sie konnten in der Zwischenzeit seine Freundin Moni vögeln, die sehr viel Spaß daran hatte. Sie hatte auch mir öfters schon zu verstehen gegeben, dass sie mich gerne mal treffen würde.

»Du hast doch Heinz, wenn Bernhard weg ist! Der ist gut gebaut, das gefällt dir doch, und das brauchst du auch, wie Bernhard immer tönt«, sagte ich abwehrend zu ihr. Sie hatte überhaupt keine Hemmungen und antwortete: »Schon, ja ... aber was nützt das Format, wenn alles zu schnell vorbei ist?« Ich wollte nicht weiter auf sie eingehen und wechselte das Thema, obwohl es mich schon mal gereizt hätte. Eckhart, Heinz und ich waren zwar auch überzeugte Linke zu dieser Zeit, aber unsere Überzeugungen wurden eher von der SPD repräsentiert als von der DKP. Mich stieß vor allen Dingen diese »Drecks-DDR«, wie ich sie immer nannte, ab, mit ihrer Mauer, den erschossenen Republikflüchtigen, der Stasi und den Gefängnissen. Ich hatte aber in harten Diskussionen, in denen es um die Überwindung des Kapitalismus und die Abschaffung der BRD ging, nie genügend Argumente gegenüber den Hardlinern von der DKP.

Eckhart und ich hatten gegenüber den anderen viel mehr Lebenserfahrung, wir waren auch nicht so idealistische Schwärmer von einer rosigen Zukunft im Sozialismus. Waren doch der Stalinismus und die DDR aus solchen Idealvorstellungen entstanden. Wir waren zwar auch entschiedene Gegner des Vietnamkrieges, nahmen an Demos dagegen teil, auch wollten wir Schulreformen und Änderungen der Erziehungsinhalte, Mitbestimmung der Arbeiterschaft – alle fortschrittlichen Ideen teilten wir, aber die Vorstellung, in einem Staat wie der DDR zu leben, war uns völlig fremd. Wir glaubten auch kaum daran, dass die Menschen, wenn man sie nur früh und rechtzeitig auf eine bestimmte Linie hin erzog, ihre – durch Vererbung mitgegebenen – Strukturen verlieren oder ändern würden, dass der Mensch zu einem unegoistischen, sozialen Wesen umerziehbar wäre. Aber dafür hatten wir keine Beweise, solche Meinungen wurden als bürgerlich, reaktionär und unreflektiert zurückgewiesen.

Nach dem Vorbereitungssemester wählte ich mit mehreren Freunden der Weilburger Zeit Biologie als Hauptfach, das von Lehrer Gerster geleitet wurde. Von da ab nahm die Lehrstofffülle in allen Bereichen und Fächern immens zu. Wir hatten gegenüber vielen Kollegiaten, die gymnasiale Vorbildung mitbrachten oder »normale« Realschulreife erlangt hatten, merkbar große Defizite mit unserer verkürzten und gestrafften Realschulreife. Ich fiel plötzlich in eine starke persönliche Krise, die sich durch große Verunsicherung und Zweifel an mir selber ausdrückte. In allen Fächern außer in den Sprachen hinkte ich dem Lehrstoff hinterher und fühlte mich zunehmend überfordert. Ja, zum ersten Mal in meinem Leben beschlich mich das Gefühl, es nicht schaffen zu können.

Mein Horizont erweiterte sich enorm, durch Lernvorgänge auf allen Ebenen! Doch das brachte eine eigene Problematik mit sich: Mir wurde bewusst, wie wenig ich eigentlich wusste! Nicht nur in Mathe und Physik hatte ich Probleme, das war ja zu erwarten, aber was Menschen in der Literatur, Soziologie und Psychologie gedacht und geschrieben hatten, war für mich nicht nur sensationell, sondern vermittelte mir ein Gefühl der Ohnmacht und Minderwertigkeit. Mein bisheriges Leben war gewiss oft schwierig verlaufen. Ich hatte, mit großen Problemen behaftet, trotz allem selbstständig meinen Weg gefunden. Vielleicht war ich jetzt, mit Familie mit Kind und bei den hohen Lernansprüchen, überfordert mit dem Ziel, das Abitur zu erreichen.

Jetzt wurde mir plötzlich auch bewusst, dass das vorhandene Selbstwertgefühl vielleicht nur eine scheinbar intakte Fassade war, dass all die Jahre der Kindheit und Pubertät ihre Spuren hinterlassen und verhindert hatten, dass sich in meinem inneren Zentrum Stabilität und Selbstvertrauen bilden konnten. War ich immer noch labil und ängstlich, wie Lehrer Ludwig mich damals bezeichnet hatte? Jedenfalls bekam ich plötzlich Angst und Zweifel vor den leichtesten Aufgaben. Ich vermied es, an die Tafel zu müssen, um dort allen etwas vorzutragen. Ich wollte nicht, dass alle sahen, was für ein zitterndes, verstörtes Häufchen Elend aus mir geworden war. Ich offenbarte mich nur Deutschlehrer Kunz, indem ich ihm einen Brief schrieb und darin schilderte, dass es keine Faulheit oder Desinteresse sei, wenn ich mal fehlen würde. Ich berichtete ihm auch frei, wie schlecht es mir gehe und welche Ursachen das haben könne.

Er war ziemlich überrascht, hatte jedoch großes Verständnis und riet mir zur psychologischen Beratung. Aber obwohl es mir ziemlich dreckig ging, versuchte ich alleine und ohne Therapie zurechtzukommen. Ich stürzte mich abends ins Fußballspielen, machte Waldläufe und trainierte wie besessen. Sich körperlich auszupowern half mir vordergründig, Stress abzubauen. Mit den anderen Fußballern im Verein versoff ich ganze Nächte, ohne auf meine Familie Rücksicht zu nehmen. Bei Kollegfeiern, die immer mit viel Alkohol verbunden waren, häuften sich die Situationen, in denen ich aggressiv wurde. Es passierte zu vieles auf einmal in meinem Leben: Hier war die Familie mit dem Anspruch der neuen, vermeintlich besseren Erziehung des Sohnes, aber aus dieser Verantwortung resultierten auch Fesselung und Einschränkung. In Wetzlar machte ich die Erfahrung der Unzulänglichkeit und Beschränktheit im Wissen, zusätzlich galt es, die hohen Anforderungen den Stoff zu bewältigen und nicht den Anschluss zu verlieren.

Als wenn das alles nicht gereicht hätte, war ich in dieser Zeit am Hessenkolleg, bedingt durch den politischen und gesellschaftlichen Aufruhr, solidarisch mit den anderen und auch politisch engagiert. Euphorisiert durch einige Wortführer machten wir hier und da mit bei Veranstaltungen und Aktionen. Morgens in aller Herrgottsfrühe vor den Werkstoren von Buderus den Arbeitern Solidarität im Arbeitskampf vermitteln und Flugblätter mit Agitationsschriften verteilen, bei politischen Kundgebungen in Wetzlar und Gießen präsent sein, NPD-Veranstaltungen stören oder Flugblätter in den Fußgängerzonen und in den anderen ortsansässigen Schulen verteilen, all das waren wichtige Aktionen, die zur Änderung der gesellschaftlichen Verhältnisse beitragen sollten.

Einmal eskalierte unser Engagement. Während wir Flugblätter an Schulen verteilten, ging ich kurz vor der Pause in eine Klasse der Goetheschule Wetzlar. Wir hatten zu fünft die Schule betreten und hörten kurz darauf über die Lautsprecheranlage den Direktor sagen: »Hessenkollegiaten haben sofort die Schule zu verlassen, die Polizei ist schon benachrichtigt!« Das ignorierten wir, und ich ging trotzdem in einen Klassenraum, um unsere Flugblätter dem Lehrer zur Weiterverteilung zu überreichen. Der sprang aber plötzlich wie wild geworden auf, packte mich am Kragen und rief: »Dich Bürschchen werden wir der Polizei übergeben!«

Ich war plötzlich in eine unangenehme Lage geraten! Er war ziemlich stark und wollte mich im Klassenzimmer festnageln und darin einschließen, bis die Polizei kam. Vielleicht nur einmal im Leben bot sich diesem Schlipsträger nun die Gelegenheit, Mut zu beweisen und einen der verhassten Störenfriede der Gesellschaft dingfest zu machen. Vor lauter hektischem Eifer erkannte er nicht Körpersprache und Ausdruck seines Gegners. Während er sich an meinem grünen Parka festkrallte, schaute ich zur Fensterfront, um dort eventuell einen Ausweg zu finden. Das Klassenzimmer war jedoch im ersten Stock und zu hoch gelegen, hier gab es keine Fluchtmöglichkeit.

Die Schüler tobten und schrien immer mehr, es war für sie eine kleine Sensation, wie ihr Lehrer mit einem »langhaarigen Studenten« rangelte und kämpfte. Ich hörte im Hintergrund tatsächlich schon Polizeisirenen und dachte: *Verhaftet werden darf ich hier nicht, dann ist die Schule und die ganze Zukunft in Gefahr.* Nun, ich hatte in Sonthofen Einzelkämpferkurse durchlaufen, war ziemlich athletisch und angstfrei in solchen Situationen. Der Typ war kein Problem für mich, aber ich wollte ihn nicht verletzen und keinen Ärger. Ich bewegte mich langsam Richtung Türe, den Lehrertypen, der wie eine Klette an mir hing, mitziehend. Im Türrahmen bot er alles an Kräften auf, um mich einzusperren, er war wie besessen, einen dieser »linken Bazillen« dingfest zu machen. *Jetzt ist aber Schluss mit lustig*, dachte ich und fuhr ihn an: »Wenn du nicht sofort loslässt, wird's böse für dich enden!«

Jetzt hielt er mich mit beiden Händen am Kragen und ließ nicht locker! Sein Körper war ungedeckt, da drosch ich ihm blitzschnell und ansatzlos zuerst mit links hart auf den Solarplexus, dann, als er nach vorne kippte, noch eine »böse Rechte« voll in sein Gesicht. Endlich ließ er mich los und sackte wimmernd auf den Boden, stark aus der Nase blutend. Die Schüler schrien noch mehr; verwunderlich war, dass ihm keiner half und ihr Geschrei sich eher nach Freude anhörte. Vielleicht war er ein Arschloch und hatte es verdient, jedenfalls huschte ich aus der Schule und traf draußen auf die anderen. »Wir müssen schnell hier weg, ich musste einen von den Lehrern ausknocken«, rief ich ihnen zu. Wir eilten zu den Autos und fuhren erst mal zu Micha nach Hause, der in Wetzlar eine Wohnung hatte und nicht im Wohnheim wohnte. Ich erzählte ihnen kurz den Ablauf des Geschehens, dabei war allen anzusehen, dass sie sich über den Vorfall mehr freuten, als sich Sorgen zu machen, was er für Folgen haben könnte. Anschließend fuhr mich Wilfried nach Hause, falls die »Bullen« eine Kollegrazzia machen würden, wollte ich nicht gefasst werden.

Da ich nicht im Wohnheim des Hessenkollegs wohnte, sondern mit Frau und Kind in einer Kleinstadt, hatte ich auch Kontakt zu anderen Menschen. Ich war nicht permanent unter der Glocke des politisch linken Zeitgeistes der Kollegs, konnte in Gesprächen mit Freunden aus dem Fußballverein auch völlig andere Meinungen hören und verarbeiten. Ich distanzierte mich zunehmend von der DKP-Szene, nahm kaum noch an Veranstaltungen teil und konzentrierte mich auf die Bewältigung des zu lernenden Stoffes. Es gab noch genügende Kolleg-Partys und Festivitäten, an denen ich teilnahm, ich hatte aber zusätzliche Freunde gefunden und entfernte mich zunehmend aus Wetzlar.

Das Ende der Kollegzeit nahte, und die Abitur-Klausuren standen an. Ich hatte meine Schwierigkeiten einigermaßen in den Griff bekommen und außer in Mathematik keine Probleme mit den Prüfungen. Hier half mir wieder einmal die Solidarität meines Freundes Wilfried, für den Mathematik ein Späßchen war. Zur schriftlichen Prüfung in Mathe meldete er sich krank und wartete auf einem Zimmer des Wohnheimes, dass ich ihm in einer Pinkelpause eine von sechs gestellten Mathe-Aufgaben brachte. Dann holte ich im Sprint nach circa einer halben Stunde die Lösung wieder ab und konnte so, mit einer gelösten Aufgabe, meine Fünf in Mathe sichern. Das war wichtig, denn mit einer Sechs in einem Hauptfach hätte ich das Abitur nicht bestanden. Wilfried holte dann ein paar Tage später alleine die Mathe-Prüfung nach.

Dann kam der Tag – und alle Weilburger Freunde hatten das Abitur geschafft! Während ich mit allen zwei Tage ausufernd feierte, gingen meine Gedanken schon zum nächsten Ziel weiter, schon wurde neu geplant! Viele wussten bereits, was sie studieren wollten, denn das Abitur geschafft zu haben, sollte nicht das Ende der Bemühungen sein. Mein ursprüngliches Ziel, Fortbildung in der Landwirtschaft, war jetzt nicht mehr gefragt. Nur, welchen Weg sollte oder konnte ich jetzt einschlagen? Ich hatte schon auf der Schule in Weilburg und dann auch auf dem Weg zum Abitur erfahren, dass in sprachlichen Fächern eine Note Zwei zu erreichen kein Problem für mich war. Vielleicht hatte ich sogar Begabungen entdeckt. Somit gingen meine Überlegungen erst einmal in diese Richtung. Germanistik, Literatur, Kunstgeschichte, Soziologie oder Politik waren Fächer, die mir zusagten. Germanistik reizte mich am meisten, ich erfuhr aber in Gesprächen mit Lehrern und Mitschülern, dass die meisten Germanisten letztlich als Gymnasiallehrer ihre Bestimmung fanden, doch Lehrer wollte ich auf keinen Fall werden.

Mein bisheriger Lebensweg, auf dem ich mir vorkam wie ein Blatt im Wind oder ein im Wasser treibendes Stück Holz, hatte auf jeden Fall eine Tendenz, einen Drang in mir hervorgebracht: Ich wollte mein Leben selbst bestimmen, ich wollte mein eigener Herr sein! Selbstständiger Landwirt auf eigenem Hof wäre eine Option gewesen. Vielleicht auch Agraringenieur in Afrika. Mit Familie und dem Erlangen des Abiturs kam das jetzt nicht mehr in Betracht, aber was sonst? Für Michael war klar, er würde Medizin studieren, weil er seinem Vater unbedingt beweisen musste, dass er das konnte, Wilfried würde für sein Mathe-Studium nach Berlin ziehen, um nicht zur Bundeswehr zu müssen. Mit ihm gingen Karl, Erwin und Gerd aus dem gleichen Grund dorthin, und sie wohnten dort zusammen in einer WG. Eckhart war genauso unentschlossen wie ich, aber bei den regelmäßigen Doppelkopf-Abenden, an denen auch seine Frau Brigitte mitspielte, sagte sie eines Abends kurz nach unserem Abi: »Studiert doch wie ich Zahnmedizin! Da habt ihr einen sicheren Beruf, selbstständig seid ihr dann auch, und außerdem kann ich euch dabei helfen.« Wir schauten uns an, und ich sagte: »Da wird Physik, Mathe und vor allem viel Chemie verlangt. Alles Fächer, in denen wir zu schwach sind!«

Nach tagelangem Zögern und Überlegen trafen wir uns noch einmal bei Brigitte. Sie meinte: »Die größte Hürde ist das Physikum, um das zu schaffen, müsst ihr tierisch lernen, das ist bei eurer Vorbildung klar! Aber ich kann euch dabei wirklich helfen, wenn ihr was nicht versteht. Zahnarzt zu sein verlangt vor allem manuelle Geschicklichkeit, und die habt ihr doch!« Als wir uns nochmal mit den anderen trafen, sagte Wilfried: »Mach das lieber nicht, das ist dort eine andere Welt in diesen medizinischen Fächern. Da sind so viele Arschlöcher und elitäre Typen, da bist du nach den fünf Jahren Studium auch verändert.« Er meinte sicherlich: verändert zum Negativen. Das gab mir weniger zu bedenken, denn das konnte ich mir nicht so richtig vorstellen, aber Zweifel hatte ich, die Hürde Physikum zu schaffen.

Ich besprach alles noch einmal ausführlich mit Angelika. Wir hatten bereits gemeinsam entschieden, dass sie ebenfalls das Abitur am Hessenkolleg anstreben würde. Möglich wurde das hauptsächlich durch die Politik der SPD – der Politik Willy Brandts –, die sowohl den zweiten Bildungsweg als auch die neuen Bafög-Regeln durchgesetzt hatte. Durch diese Regelungen erhielt Angelika letztlich genauso viel Geld vom Bafög-Amt, wie sie in der Apotheke durch Halbtagsarbeit verdienen konnte. In unseren Gesprächen klärten wir, welche Möglichkeiten wir hatten und welche die größten Aussichten auf Erfolg boten. Wenn der Schwerpunkt unseres künftigen Einkommens auf sie zugeschnitten werden sollte, mit Abitur und eventuell späterem Pharmazie-Studium, konnten wir uns jetzt, mich betreffend, vielleicht für einen vermeintlich leichteren Weg entscheiden. Was auch immer alles durchdacht und diskutiert wurde, es mündete in der gemeinsamen Entscheidung, dass ich es mit der Zahnmedizin probieren sollte. Eckhart und Brigitte trugen zu dieser Entscheidung wesentlich bei, und Eckhart wollte es auch versuchen! So trugen wir uns zum Sommersemester 1972 für Zahnmedizin in Gießen ein.

Schon in den Hessenkollegzeiten und jetzt auch fürs Studium erhielt ich keinen vollen Bafög-Satz, da die Berechnung dafür sich nach dem Verdienst meines Vaters richtete, obwohl ich nichts mit ihm zu tun hatte und ihn zuletzt als Zwölfjähriger bei seinem Kurzbesuch in Marburg gesehen hatte. Daher wurden mir nur 52 DM monatlich genehmigt. Auf der Gießener Stelle des Bafög-Amtes arbeitete ein Bekannter von mir aus Marburger Zeiten. Er riet mir, Kontakt mit meinem Vater aufzunehmen, und falls der mich nicht unterstützen würde, könne man weitersehen. Es gebe auch die Möglichkeit, ihn zu verklagen und gesetzlich etwas Geld einzutreiben. Nur widerwillig nahm ich Kontakt zu ihm auf, berichtete ihm von meinem Geldproblem und wartete auf seine Antwort. Nach kurzem Vorgeplänkel schrieb er mir: »Ich habe selber eine große Familie und kein Geld übrig! Außerdem, in meiner Familie hat niemals jemand Abitur gemacht und studiert! Wenn du das willst, musst du selber sehen, wie du klarkommst!« Darüber hinaus würde er sich freuen, wenn ich ihn einmal besuchen käme. Für mich hatte sich jedoch die Angelegenheit erledigt! Ich ärgerte mich nur ziemlich über mich selbst, dass ich überhaupt den Schritt getan hatte. Ich schrieb ihm noch zum Abschluss einen Brief, was ich von ihm halten würde und dass es wohl besser sei, wenn wir unseren Kontakt für immer beenden würden.

So kam es auch. Die kurze Kontaktaufnahme hatte aber noch einen interessanten Nebeneffekt: Plötzlich schrieben mir meine drei Halbschwestern, dass sie nur durch Zufall auf meinen Brief gestoßen seien und erst dadurch von meiner Existenz erfahren hätten. Ihr eigener Brief war zwar interessant und auch nett geschrieben, sie wollten mich unbedingt kennenlernen, aber ich antwortete ihnen: »Ich wusste von euch auch nichts, und ich möchte, dass es so bleibt wie es war. Das ist, glaube ich, besser für mich, denn ich will nicht mehr in diese Vergangenheit eintauchen und alle Gefühle nochmals durchleben.« Sie akzeptierten es, und ich habe weder von meinem Vater noch von den Schwestern jemals wieder etwas gehört.

Der Bekannte auf dem Bafög-Amt setzte sich für mich ein und stellte einen Antrag, in dem ich um den vollen Satz bat. Es gab die Möglichkeit, von der Berechnungsgrundlage Vater befreit zu werden, wenn man vor der Weiterbildung 60 Monate gearbeitet hatte. Meine Lehrzeiten reichten für die Summe nicht, mein Bekannter konnte aber für mich erreichen, dass die Bundeswehrzeit mitgerechnet wurde. Ich war ihm sehr dankbar!

Kapitel 19

Das Studium war eingeteilt in fünf Semester Vorklinik und fünf Semester Klinik. Die ersten drei Semester waren geprägt von Vorlesungen in Physik, Biologie und Chemie. Weiterhin lernten wir noch Anatomie, Histologie und Physiologie, dazu Propädeutik und Geschichte der Medizin, schließlich gab es einen zweisemestrigen Kurs in medizinischer Terminologie für die, die kein Latinum hatten, und den »Chemie-Kochkurs«, in dem das in den Vorlesungen Erlernte im Labor mit Reagenzgläsern durchgeführt wurde. Wir bekamen einen regelrechten schulischen Stundenplan vom Sekretariat überreicht, mit insgesamt 40 Wochenstunden Vorlesungen und Kursen.

Nun begann für uns die erwartete Tortur in den naturwissenschaftlichen Fächern. Das erste Ziel war nach drei Semestern das Vorphysikum, dazu gab es eine schriftliche und mündliche Prüfung in Physik, Chemie und Biologie. Dazwischen waren immer schriftliche Klausuren gestreut, in denen eine bestimmte Mindestpunktzahl zum Bestehen erreicht werden musste. Waren 30 Punkte von 120 zu schaffen, hatten wir meist gerade mit Ach und Krach 30,5 oder 31 erreicht, und das auch nur mithilfe von Spickzetteln, die wir in allen Taschen vorbereitet hatten. Am meisten verlangte mir Chemie ab, denn das hatte ich am Hessenkolleg nach drei Semestern abgewählt, und dafür hatte ich damals auch fast nichts gelernt. »Tag und Nacht« Chemie und auch Physik war jetzt mein Motto!

Eckhart musste zweimal zum Rapport bei unserem Chemie-Professor vorsprechen, weil er sich beim Spicken hatte erwischen lassen. Ich war aus Solidarität mitgegangen, und wir mussten uns eine Predigt über Anstand, Moral und unfaires Verhalten den anderen Kommilitonen gegenüber anhören. Nach dem zweiten Mal drohte er uns den Ausschluss an, was das Ende des Studiums bedeutet hätte. Eckhart war so betroffen, dass er sich schwor, nie wieder zu spicken oder abzuschreiben, selbst wenn er »ewig« studieren und pauken müsse! Es war nicht hauptsächlich die Angst vor dem Aus, die ihm so zusetzte. Er war jetzt schon dreißig Jahre alt, ein gestandener, selbstbewusster Mann und musste sich herunterputzen lassen wie ein kleiner Schüler, das tat ihm sehr weh!

Kam ich abends nach Hause, konnte ich meist vor circa 20.30 Uhr nicht mit dem Lernen anfangen, da unser Sohn mich in Anspruch nahm. Erst wenn der endlich im Bett lag, musste ich mich noch stundenlang, unterstützt von Kaffee und Zigaretten, meinen Alptraumfächern widmen. Ungefähr drei Monate vor dem Vorphysikum ergab sich plötzlich wieder eine unangenehme Situation. Die umfangreiche anorganische Chemie ging nicht in meinen Schädel. Was ich sonst immer gut konnte, war auswendig lernen, egal ob Formeln, Texte oder Sonstiges. Jetzt saß ich am Schreibtisch, und nichts blieb im Gedächtnis haften. Eine regelrechte Blockade hatte meine Aufnahmefähigkeit überfallen. Die ersten Tage begriff ich das noch nicht, aber ab einem bestimmten Zeitpunkt – ich sah die Blätter vor mir, aber absolut nichts konnte ich mir merken –, geriet ich langsam erst in Sorge, dann zunehmend in Panik.

Zur vermeintlichen Problemlösung quartierte ich mich von zu Hause aus. Angelikas Großeltern, zwei Dörfer weiter, hatten in ihrer großen Wohnung ein Stübchen frei und stellten es mir zur Verfügung. Hier wollte ich in Ruhe und abgeschirmt von unserem Sohn wieder in die Spur kommen. Doch auch hier war absolut nichts in meinen Kopf zu bringen, und ich war ziemlich verzweifelt. Vom Fenster aus konnte man auf den idyllischen Garten hinterm Haus blicken, der einen Poeten sicherlich stimuliert hätte, aber in meinem Kopf wurde nichts angeregt, er fühlte sich eher an wie mit Watte gefüllt. Rechts von meinem Tisch, an dem ich saß, stand ein einfaches Sofa an der Wand, das mich magisch anzog, und es dauerte nie lange, bis ich darauf lag und schlief.

Irgendwann fiel mir nach langer Grübelei ein: *Das kann nur wieder psychische Ursachen haben!* Ich hatte in der Vergangenheit – sowohl am Hessenkolleg als auch in der Zeit danach – großes Interesse an Psychologie und Soziologie und spürte eine Nähe zu diesen Fächern. Hatte einiges von Freud gelesen und damals auch kurz überlegt, Psychologie zu studieren. Jedenfalls hatte ich keine Vorurteile gegen Psychologen und ihr Fachgebiet. Ich sah darin einen möglichen Ausweg, darum beschloss ich sofort, am nächsten Tag in das psychologische Institut von Professor Richter in Gießen zu fahren, um dann vor Ort zu erfahren, was möglich war. Dort an der Rezeption erklärte ich der Empfangsdame:

»Es ist dringend, ich habe große Probleme und brauche, so schnell es geht, vielleicht noch heute einen Termin bei einem Therapeuten!« Sie wollte mich erst auf einen späteren Termin vertrösten, aber ich ließ nicht locker und bedrängte sie weiterhin, zwar freundlich, aber mit Nachdruck. Schließlich sagte sie: »Morgen gibt es nur die Möglichkeit bei einem Gasttherapeuten aus Österreich, Herrn Dr. Oberleitner!« Mir war egal, woher er kam, Hauptsache, ich bekam schnell einen Termin. Am nächsten Tag hatte ich dann einen Termin um 14 Uhr in einem hinter dem Institutsgebäude gelegenen Pavillon, und ich klopfte pünktlich an die Türe. Es antwortete niemand, und ich wartete draußen, bis der Herr Doktor ein paar Minuten später in Begleitung zweier junger Leute auftauchte: »Hallo, Sie sind sicher Herr S., ich bin Dr. Oberleitner und dies hier sind zwei japanische Psychologiestudenten, die hier ein Praktikum ableisten, Sie haben doch sicher nichts dagegen, dass sie an der Sitzung teilnehmen?«

Da ich wegen der Zeitnot bis zum Vorphysikum langsam in Panik geriet, lehnte ich das ab, und er akzeptierte meine Verweigerung. In der ersten Sitzung musste ich mein Problem schildern, und im Verlaufe der nächsten Sitzungen fragte er mich, ob ich Probleme in meiner Kindheit gehabt hätte, die ich ihm dann auch ausführlich schilderte. Später fragte er nach, ob ich in meinem Studium mit anderen Personen Konflikte hätte. Mir fiel erst nichts dazu ein, aber später erwähnte ich Probleme, die Heiko und ich mit zwei Professoren hatten. Heiko kam auch vom Hessenkolleg und hatte die gleichen Schwierigkeiten mit der Fülle des Lernstoffes. Wir erlebten diese zwei Professoren in Colloquien und mündlichen Prüfungen als besonders autoritär und auch aggressiv.

Jedenfalls analysierte er meine Lernblockade und sagte nach circa sechs Sitzungen: »Sie haben vermutlich ein Problem mit Vaterfiguren, mit Autoritäten! Sie konnten Ihre inneren Konflikte mit Ihrem Vater nicht lösen, Ihr Unterbewusstsein reagiert auf die beiden Prüfer mit Gleichsetzung, lehnt sie ab und verweigert sich, indem es bei Ihnen die Aufnahme blockiert.« Seine Ausführungen kamen mir einigermaßen plausibel vor, und ich fragte ihn, was ich denn da machen könnte, was er mir raten würde. Er meinte: »Vereinbaren Sie mit beiden oder zumindest mit einem von beiden einen privaten Termin, und wenn es die Situation während des Treffens ermöglicht, schildern Sie demjenigen kurz und prägnant Ihr Problem mit ihm!«

Ich erhielt tatsächlich einen privaten Termin bei Professor Berger im Chemieinstitut. Es kostete mich zwar Überwindung – in meinen Gewaltfantasien hätte ich ihm lieber eine verpasst –, aber ich ging hin und erlebte diesen Mann als einen netten, aufmerksamen und verständigen Zuhörer. Er war verblüfft, welche Reaktionen seine Person und sein Habitus bei anderen hervorrufen konnten, ja er wirkte sogar betroffen. Ich ging mit einem guten Gefühl aus diesem Treffen und berichtete dem Therapeuten am anderen Tag darüber. Er meinte: »Kann sein, es dauert noch eine Weile und ein paar Sitzungen, aber Sie sollten jetzt wieder besser studieren können!« Es war tatsächlich so, und allmählich ging es wieder aufwärts mit mir. Ich war zwar zeitlich im Rückstand und konnte unmöglich alles, was für ein gutes Vorphysikum nötig war, in mich aufnehmen, aber ich schaffte es, hauchdünn mit Note Vier. In der Nachbesprechung nach der mündlichen Prüfung bemerkte der Prüfer: »Sie haben erhebliche Wissensmängel, ich drücke beide Augen zu, aber wie wollen Sie das Physikum schaffen?«

Ich feierte mit Eckhart und Heiko anschließend bei einigen Gläsern Bier in der *Zwibbel*, einem Studentenlokal in Gießen, aber am nächsten Tag war das schon abgehakt, und es ging weiter, das »Rennen« war noch lange nicht vorbei! Ich habe oft darüber nachgedacht, was sich damals eigentlich ereignet hat. Es war doch sicherlich ein Glücksfall für mich, dass sich die Frau an der Rezeption hatte erweichen lassen, mir einen »Notfalltermin« zu gewähren. Dann der zufällig genau zum richtigen Moment anwesende österreichische Doktor, seine schnelle und zutreffende Analyse. Die scheinbare Lösung meines Problems nach dem Professorentreffen. War alles ein glücklicher Zufall? Hatte die Frau an der Rezeption mir angesehen, dass ich schnelle Hilfe brauchte? Und hatte der Therapeut erkannt: Der braucht eine plausible Lösung für sein Problem und wird es nicht zweifelnd hinterfragen? Hatte mein ausgeprägter Wille, meine Probleme zu lösen, dazu beigetragen?

In den nächsten zwei Semestern ging die Rallye weiter. Heiko und ich hatten uns vor dem Physikum ein Semester Pause verordnet, um uns richtig vorbereiten zu können. Im Nachhinein war es Quatsch, weil wir die ersten zwei Monate verbummelten und dadurch auch nicht mehr Zeit gewannen. Eckhart machte weiter ohne Pause. Somit studierte ich nur noch mit Heiko als Partner zusammen und verlor Eckhart leider mehr und mehr aus den Augen. Ich hatte Heiko und seiner Freundin Franzi ein Haus in unserem Ort vermittelt. Sie wohnten vorher am Kornmarkt in Wetzlar in einer winzigen Zweizimmerwohnung. Franzi studierte Psychologie, und für die beiden war das ehemalige Bauernhaus genau das Richtige. Jeder konnte sich bei Bedarf in seinen eigenen Bereich zurückziehen. Meist lief ich zu Fuß ein paar Straßen weiter zu ihnen, und wir paukten zusammen in Heikos winzigem Büro. Er auf der einen, ich auf der anderen Seite seines Schreibtisches. Wie schon alle Jahre zuvor liefen wir der Stofffülle hinterher und versuchten, uns trotzdem zu merken, was möglich war. Für das Physikum muss man eine große Gesamtmenge an Fakten aufnehmen, eine gewisse Zeit lang speichern und in der Prüfung reproduzieren können. Ich lernte sehr oft selektiv: Waren in einem Fach fünf große Themen unterscheidbar, so lernte ich drei davon sehr intensiv, die anderen beiden eher weniger. Das war immer ein wenig wie ein Glücksspiel.

*

Unser Sohn Maximilian ging in einen antiautoritären Kindergarten in Gießen. Brachte ich ihn morgens vor der Uni hin, brauchte er endlos, um sich von mir zu trennen, klammerte sich an mich, weinte und wollte nicht hin. Meistens fuhr ich mit Heiko zusammen, der saß dann wartend im Auto und wurde regelmäßig wütend, wenn ich so lange brauchte. Wie so oft kamen wir bei Vorlesungen zu spät, und er grollte: »Mach doch nicht immer so ein langes Geschiss mit dem Balg!« Wollte ich ihn mittags abholen, ging er partout noch nicht mit, wollte erst dies und jenes noch unbedingt machen. Parallel dazu gab es ständig Problembesprechungen und wichtige Sitzungen im Kindergarten. Langsam ging mir das alles völlig auf die Nerven, und ich zweifelte mehr und mehr an diesem Erziehungskonzept.

*

Die Physikums-Prüfung in Biochemie bei Professor Gruner war die am meisten gefürchtete, wegen der Stofffülle wie wegen der Strenge des Professors, den wir in den Vorlesungen erlebten. Ausgerechnet am Vortag hatte Heiko seinen 2CV mal wieder völlig zerlegt. Das hatte bei ihm eindeutig therapeutische Züge! Seine Freude daran, ein Auto zu zerlegen und wieder zusammenzubauen, stammte aus der Zeit vor dem Hessenkolleg. Er war von Beruf Feinmechaniker, hatte aber zu Hause in Aßlar in der Garage fast eine komplette Werkstatt eingerichtet, reparierte dort für Freunde und Bekannte Autos und verdiente sich dadurch auch nebenbei gutes Geld. Jedenfalls hatte er, als ich am Prüfungstag morgens bei ihm auftauchte, noch rabenschwarze Finger und war gerade erst fertiggeworden. Irgendetwas sei schwierig gewesen beim Wiederzusammensetzen der Karre! Als wir losfahren wollten, sprang der Motor nicht an, Heiko musste nochmal ran. Irgendwann klappte es schließlich, und nach einer halsbrecherischen Fahrt trafen wir mit fast dreißig Minuten Verspätung im Biochemie-Institut ein und stürmten die Treppe hoch. Oben stand der Professor an der Treppe und rief uns entgegen: »Wo sind Sie, meine Prüflinge ... wo bleiben Sie denn?«

Die anderen beiden aus unserer Gruppe, Michael und Thorsten, saßen wie auf heißen Kohlen im Prüfungszimmer und schüttelten nur die Köpfe. Ich sagte an den Professor gewandt: »Bitte, Herr Professor, schauen Sie doch mal seine Hände an, das Auto ist nicht angesprungen!« Heiko streckte die Hände vor und meinte zitternd und völlig fertig: »Kann ich mal ein Glas Wasser haben?« »Jetzt beruhigen Sie sich doch alle erst einmal, ich verstehe ja Ihre Aufgeregtheit«, sagte der Professor mit ruhiger und freundlicher Stimme. Er war wirklich sehr verständnisvoll und nett, was wir niemals erwartet hätten. Nach einer Weile konnte die Prüfung beginnen, und wir bestanden sie auch. Ich sollte den gesamten hormonellen Kreislauf des Menschen darstellen. Ich schob die Niere mit ihrem hormonellen Geschehen in den Mittelpunkt meines Vortrages, und er ließ mich gewähren. Zum Abschluss meinte er: »Niere können Sie, sonst war das eher bescheiden!«

Aber irgendwie haben wir auch diese Klippe – das Physikum – geschafft. Mit Hindernissen und immer verbunden mit Aufregung, hochroten Köpfen und großen Anstrengungen.

Kapitel 20

Nach dem Physikum begann endlich der zweite Teil des Studiums, der »klinische Teil«. Jetzt waren für uns Freunde die naturwissenschaftlichen Quälereien durchgestanden, ab jetzt hatte alles mehr und mehr mit Zahnmedizin zu tun, unserem eigentlichen Ziel. Erst jetzt fühlten wir uns endlich auf Augenhöhe mit den anderen Studierenden unseres Semesters. Aber der Aufwand wurde insgesamt nicht weniger, die ganze Woche war immer noch vollgestopft mit Kursen, Kolloquien und Vorlesungen. Sogar in den Semesterferien fanden Kurse statt. Ich konnte nebenher kaum noch Arbeiten annehmen, um unsere Kasse aufzubessern.

Im Semester hatte sich eine kleine Clique Studierender gefunden, die sich gut verstanden. Riemi, Heiko, Pasig, Rainer und ich hatten ungefähr die gleiche Wellenlänge. Wir waren ähnlicher Herkunft, hatten auf verschiedenen Umwegen zur Uni gefunden und fühlten uns emotional solidarisch. Ich hatte in einer »anderen Welt« gelernt, mich zu behaupten, mir Durchsetzungsfähigkeiten angeeignet und Möglichkeiten der direkten Auseinandersetzung nicht gescheut. Diese Eigenschaften, die die anderen der Clique zum Teil auch mitbrachten, konnten uns in einigen Situationen nützlich sein. Es war gegenüber autoritär und dominant auftretenden Professoren nur wenig Spielraum der persönlichen Meinung möglich. Manche der auf einer Ebene darunter agierenden Oberärzte und Assistenten zeigten hochnäsiges, überhebliches Gehabe und setzten ihre Machtstellung durch autoritäres oder versteckt aggressives Verhalten durch. Drohungen und Erniedrigungen, hauptsächlich gegenüber vermeintlich Schwächeren, vor allem den weiblichen Kommilitonen, waren für sie völlig normal und oft Mittel ihrer Wahl.

Jetzt waren nicht mehr die naturwissenschaftlichen Wissensmängel unser Problem, sondern eher der »Geist« der ärztlich-akademischen Hochnäsigkeit und Arroganz, der durch die Abteilungen wehte. Oft genug liefen in den Kursen, in denen die zahnärztlichen Tätigkeiten erlernt wurden, die Tränen. Im Kurs der konservativen Zahnheilkunde praktizierten wir Bohren, Zähne füllen und Wurzelbehandlungen, im prothetischen Kurs lernten wir Prothesen, Kronen, Brücken herzustellen und den Patienten einzusetzen, im chirurgischen Kurs zahnärztliche, kleine Chirurgie. Die Frauen unseres Semesters hatten in diesen Kursen fast alle ihre Probleme, denn Technik und diffizile manuelle Tätigkeiten erlernten sie wahrscheinlich erst jetzt.

Assistenzarzt Heller, ein Professorensöhnchen, machte einigen von uns das Leben schwer durch unangebrachte, wichtigtuerische Strenge und fast militärischen Ordnungsfimmel. Die er auf dem Radar hatte, waren fast schon gefährdet, das Semester nicht zu schaffen. Er lief immer mit Seidenschal um den Hals und weißem Hemd, mit faltenfreiem Kittel durch die Gänge und suchte stets Anlässe und Gegebenheiten, bei denen er seine Überlegenheit präsentieren konnte. Ich konnte ihn sowieso nicht leiden, und als auch ich in seinen Bannkreis gezogen wurde und er mich attackierte, nahm ich mir ihn eines Tages zur Brust. Als ich ihn von oben nach der Mittagspause über den Parkplatz kommen sah und er in den Fahrstuhl zum 4. Stock stieg, war ich inzwischen durchs Treppenhaus in den 2. Stock gelaufen und stieg dort zu ihm ein. Wie gehofft, war er alleine darin. Ich stellte den Fahrstuhl zwischen den Stockwerken auf stopp, packte ihn mit beiden Händen an seinem seidengeschmückten Kragen, hob ihn mit einem leichten Würgegriff an der Fahrstuhlwand hoch und riet ihm eindringlich: »Wenn du Drecksack nicht ab sofort dein herablassendes Verhalten änderst, wenn du nicht aufhörst, uns beim Professor anzuschwärzen, und uns weiter Schwierigkeiten machst, werde ich dafür sorgen, dass du die Schnauze so poliert bekommst, dass dich keiner mehr erkennt!«

Inzwischen zappelte er schon aus Luftmangel, und ich ließ ihn runter. »Du kannst sofort zum Direktor gehen und mich melden, wenn du mir das nicht glaubst, aber ich mache keine Scherze, ich mach dich fertig!« Als der Fahrstuhl hielt, wankte er leichenblass hinaus. Er machte keine Meldung, ich hatte ihn anscheinend überzeugt. Meine im Grunde asoziale Handlungsweise und diese Sprache kannte er nicht, und mit solch einer Aggressivität konnte er nicht umgehen. Aber danach benahm er sich friedlicher, vielleicht ist ihm zum ersten Mal bewusst geworden, dass er andere tyrannisiert. Alle schafften das Semester, und wir wechselten kein Wort mehr darüber.

Ein Jahr vor Ende des Studiums hatten uns unsere

Freunde Gerd, Gisela, Max und Inge zu einem Irlandtrip überredet. Es war unser erster Flug, und entsprechend aufgeregt waren wir. Der Jet landete in Shannon-Airport in der Nähe von Limerick, dann fuhren wir noch ein paar Kilometer mit dem Taxi bis zum Bootshafen in einem kleineren Ort. Auf einem großen Motorboot mit drei Schlafkabinen wurden wir kurz eingewiesen, erhielten das *Captain's Handbook*, man zeigte uns den Wassertank, den Sprittank und schon fuhren wir los. Der Shannon fließt durch halb Irland und ergießt sich oft in kleinere bis große Seen, bei denen man zwei Stunden zur Überquerung brauchte. Wir mussten zwischen roten und blauen Bojen hindurchmanövrieren und an verschiedenen Anlegestegen übernachten, tanken und Wasser nachfüllen. Es war eine schöne, abwechslungsreiche Woche. Max und Gerd angelten erfolgreich nach Hechten, die sie auch selbst ausnahmen und zubereiteten. Ich war meistens als Bootsfahrer eingeteilt. An mehreren Schleusen und in Kneipen lernten wir auch Iren kennen. Die Schleusenwärter waren meist arme und oft zahnlose Kerle, aber immer lustig und zuvorkommend, wenn sie uns halfen, durch die Schleusen zu kommen. In den Kneipen war immer was los, und es wurde ganz ordentlich gebechert. Es war eine tolle Urlaubserfahrung! Wir waren zusammen mit anderen, lernten ein fremdes Land kennen und konnten uns auch mal ein klein wenig erholen.

Aber der Trip hatte auch negative Folgen. Nachdem wir wieder zu Hause waren, kam Heiko ganz aufgeregt bei uns vorbei und sagte: »Du sollst dich am Montag beim Direktor melden, es ist wohl rausgekommen, dass ihr Urlaub gemacht habt!« Nun muss man dazu sagen, dass unser Studium, speziell jetzt im Klinikteil, immer noch sehr schulisch strukturiert war. Mit festem Stundenplan und fest vorgegebenen Zeiten in den einzelnen Behandlungsboxen mussten wir Patienten nach einem Punktesystem behandeln, eine bestimmte Punktzahl erreichen, und das alles wurde ständig überwacht und überprüft. Ich hatte meine Inlay-Patienten schon zugeteilt bekommen und sah keinerlei Probleme, mein Pensum zu schaffen, zumal ich in dieser praxisorientierten Phase zu den Besten gehörte. Aber mitten in solch einer Semesterphase hatte sich wohl noch keiner getraut, einfach mal acht Tage in Urlaub zu fahren, das war zu frech! Darum wusste eigentlich nur Heiko davon, die anderen aus der Clique hatten keine Ahnung. Ich antwortete zwar nur kurz auf seine Ankündigung, dachte mir aber meinen Teil dazu. Ich hatte in manchen Situationen zu spüren geglaubt, dass er eifersüchtig auf mich war. Oft kam ich schneller voran bei den Arbeiten, aber was ihm nicht gefiel, war vor allem, dass Frauen eher meinen Kontakt suchten, mich fragten und oft auch mit mir flirteten. Ich grübelte über das ganze Wochenende, was ich machen könnte, um das Semester zu retten. Dann hatte ich den perfekten Einfall! In letzter Zeit hatte ich nach Fußballspielen dauernd Probleme mit Schwellungen und Schmerzen im rechten Knie. Diese Probleme konnte ich vielleicht zusammen mit dem Urlaubsproblem lösen!

Montagfrüh fuhr ich nicht in die Zahnklinik, um mich gleich zu melden, sondern in die Orthopädie der Uniklinik. Dort suchte ich ein Arztzimmer auf und sprach einen anwesenden Assistenzarzt an. »Ich bin Zahnmedizinstudent, mitten im Semesterstress und brauche dringend und unbürokratisch einen Gipstutor! Ich bin aktiver Fußballer und habe große Knieprobleme, dauernd Schmerzen und auch Schwellungen nach dem Spiel. Ich hatte schon einmal, vor circa drei Jahren einen Tutor für ungefähr acht Tage, und danach war alles weg, bitte helfen Sie mir!« Der Arzt meinte: »Ich kann dir doch nicht ohne Rücksprache mit dem Oberarzt einfach dein Bein eingipsen lassen!« »Ich bin doch auch Mediziner«, beschwor ich ihn, »ich weiß, was ich brauche, und in dem jetzigen Zeitfenster passt es mir gut, du kannst das ruhig machen!« Ich brauchte noch eine Weile, ihn zu überzeugen, aber schließlich willigte er ein und nahm mich mit in den Gipsbereich. Vom Knöchel bis in die Leiste wurde das Bein erst bandagiert mit speziellen Binden, dann mit einer Wattebinden-Schicht und zum Schluss mit Gipsbinden in nasser Form umwickelt und verschmiert. Das erledigten ein dafür ausgebildeter Mann in weißem Kittel und der nette Assistenzarzt hervorragend.

Ich gab ihnen einen Zwanziger für die Kaffeekasse und musste noch warten, bis der Gips einigermaßen trocken und stabil war. Ich hatte eine extra weite Jeans mitgenommen, die ich mir nach zwei Stunden darüber zwängte. Zur Fortbewegung gaben sie mir noch zwei Krücken mit. Ich bedankte mich vielmals und setzte mich draußen vor der Orthopädie auf eine Bank. Ich hatte mit Angelika verabredet, dass sie mich irgendwann abholen kam, und wartete auf sie. Irgendwann kam sie und fuhr mich – über meinen Gips und die Krücken staunend – in die Zahnklinik. Ich bin dann gleich zum Büro von Professor Hauser– dem Direktor der Zahnklinik – gehumpelt und meldete mich bei seiner Sekretärin. »Ich soll mich beim Chef melden«, sagte ich zu ihr und nannte meinen Namen. Als er dann Zeit für mich hatte, ging ich mit den Krücken in sein Zimmer, und schon auf dem Weg zu seinem Schreibtisch rief er mir zu: »Was haben Sie denn? Ich hörte, Sie wären im Urlaub!«

»Im Urlaub, wer erzählt denn so einen Unsinn«, erwiderte ich mit Überzeugung. »Ich habe mir vor zehn Tagen im Spiel das Knie verletzt und muss diesen Tutor noch eine Weile tragen, bin jetzt aber schon ganz gut mobil mit den Krücken, sodass ich hier schon mal was vorbereiten kann. Sie haben doch nichts dagegen, wenn ich mit den Krücken hier in der Klinik rumlaufe?«, versuchte ich das Gespräch zu lenken. Er fragte zum Glück nicht, wer mich behandelt hatte, und sagte: »Nein, nein ... machen Sie nur, Sie müssen zusehen, dass Sie nicht den Anschluss verlieren!« Ich verabschiedete mich, ging anschließend durch die konservierende Abteilung und musste nochmal die Fußballstory von mir geben, die ja im Prinzip nicht gelogen war. Als ich Heiko traf, raunte er mir zu: »Wie hast du das wieder hingekriegt, du Sauhund?« Ich sah ihn fragend an und meinte: »Irgendeiner hat mich angeschwärzt, wenn ich rauskriege, wer das war, kann er sich warm anziehen!«

Kapitel 21

Sich auszupowern im Training oder Spiel tat mir immer gut, es war wie ein Ventil, das man braucht, um Dampf abzulassen. An manchen Wochentagen lief ich zusätzlich zum Fußballtraining auch noch zweimal sechs Kilometer durch den Wald, meistens zwei Runden, die erste langsam, zum Aufwärmen, Kurzgymnastik und dann den Kurs nochmal mit vollem Tempo. Danach war ich völlig ausgepowert und alle Probleme nur noch halb so groß. Im Verein hatte ich auch Freunde gewonnen. Meist waren es auch Studierende, die ähnliche Ansichten hatten, und wir diskutierten genauso leidenschaftlich gesellschaftspolitische Themen wie am Hessenkolleg, oft bis spät in die Nacht hinein und mit Alkohol. Meiner Frau gefiel das natürlich nicht, aber sie konnte auch nicht viel ändern, denn die gesamte Konstellation Familie, Erziehung und Studium – dieses Leben überhaupt – überforderte mich oft genug, sodass ich Fluchtmöglichkeiten und Ventile brauchte. Nur so konnte ich einigermaßen in der Spur bleiben.

Die endlosen Diskussionen und auch viele einzelne Situationen, die sich im Kindergarten und auch im Privaten ereigneten, ließen mich immer mehr erkennen, dass das anfangs so enthusiastisch aufgenommene antiautoritäre Konzept, Kinder zu erziehen, zu stark mit der im Kern bürgerlichen Gesellschaft unseres Landes im Widerspruch stand. Ohne dass ausdrücklich darüber gesprochen wird, werden von heranwachsenden Kindern tagtäglich angepasste Verhaltensweisen erwartet, sie haben langfristig nur Nachteile, wenn sie sie nicht erbringen können oder wollen. Außerdem merkten wir, dass unser Sohn und auch die anderen Kinder einen bestimmten Rahmen brauchten, der ihnen Stabilität gab, ja dass sie ihn sogar forderten und wollten. Heranwachsende Kinder wie Erwachsene zu behandeln ist falsch, man überfordert sie. Die Unangepasstheit und teilweise auch sogenannte Respektlosigkeit, die aus dieser Erziehung resultiert, verlangt den Kindern zu viel Stärke und Durchsetzungsvermögen ab, in der Regel mündet sie in Ausgrenzung oder Ablehnung.

Aus diesem Grund holten wir unseren Sohn im letzten Jahr vor der Einschulung aus dieser Einrichtung und brachten ihn in unseren städtischen Kindergarten, um noch ein wenig »Umgewöhnung« zu praktizieren. Auch zu Hause stellten wir die Erziehung um, bestanden mehr auf das Einhalten von Verhaltensregeln, aber das war nur geringfügig möglich, sollte es jetzt doch nicht plötzlich autoritär bei uns zugehen! In der Schule hatte Maximilian im Prinzip keine Probleme mit anderen Schülern oder mit Lehrern, sein Ehrgeiz war jedoch immer begrenzt, er wollte lieber spielen. Zu Hause tat er das auch vorwiegend, und es gab immer familiäre Spannungen um die Hausaufgaben und die Bewältigung des Lehrstoffes.

Manchmal übermannte mich Verzweiflung, und ich fragte mich nicht zum ersten Mal: Waren wir wahnsinnig? Warum hatten wir uns zu diesem ganzen Bildungs-Stress auch noch ein Kind aufgeladen? Dann dieser zusätzliche Wahn mit dem neuen Kindererziehungskonzept, der einem so viel abverlangte. Wir waren außerdem noch fast täglich unterschiedlicher Meinung in einzelnen Erziehungsfragen. Sagte ich dies, sagte Angelika das Gegenteil, der Junge suchte sich das für ihn Bequemste heraus und spielte uns gegeneinander aus. Verlangte ich Konsequenz, war dies für sie zu hart, zu streng. In dieser Zeit war ich innerlich oft völlig zerrissen! Ich merkte mehr und mehr, dass das antiautoritäre Konzept nicht richtig sein konnte.

Man hörte manchmal von anderen, dass diejenigen, die in ihrer Kindheit geschlagen wurden, dies später auch ihren Kindern antaten. Meine latent vorhandenen inneren Aggressionen machten sich oft in schwierigen Situationen mit Max bemerkbar. Wie oft hätte ich dann so gerne allem Gerede ein Ende bereitet, indem ich ihm dermaßen eine gescheuert hätte oder ihm etwas auf seinen ungehorsamen und eigenwilligen Arsch gegeben, dass er nur so gehüpft wäre! Diese Gedanken waren aber verboten! Strengstens verboten! Sie waren das Übelste, was mir durch den Kopf schießen konnte! Ich, mein Kind schlagen oder versohlen? Schon der Gedanke alleine rief Gegenaggressionen hervor, gegen mich selbst gerichtete, vor allem Selbstverachtung war das Resultat.

In dieser Zeit dachte ich wirklich manchmal: *Ich schmeiß jetzt alles hin und pfeife auf die Weiterbildung! Warum bin ich nicht das geblieben, was ich war? Warum sitze ich nicht auf einem Traktor und pflüge einen Acker um? Warum arbeite ich nicht auf einem Bauernhof, säe und ernte, füttere und pflege Tiere? Falle dann spätabends todmüde, aber zufrieden ins*

Bett? Dann drehte sich das innere Karussell wieder in selbstkritischen Gedanken: *Ich bin ein schwaches, jämmerliches Arschloch!* Es gab keinen Ausweg, es gab kein Ausbrechen und Davonlaufen, es gab nur eine Möglichkeit: weiter, immer weiter, es wird durchgehalten, ich schaffe das, und am Ende wird es sich lohnen. Es gab keine innere Ruhe, keine Zufriedenheit, es gab nur die Zukunft. Ich brauchte mich nur ab und zu mal auszuklinken, musste mein Denken und meine inneren Zweifel ausschalten, musste mit anderen so lange saufen, bis im Kopf endlich Ruhe eintrat.

Kapitel 22

Dann begann endlich das letzte Semester! Im Fach Prothetik kam ich prima zurecht. Professor Hetz akzeptierte mich nicht nur, sondern erkundigte sich auch nach privaten Dingen und bekundete Interesse. Eines Tages fragte er mich, ob ich mir eine Uni-Laufbahn, mit Schwerpunkt Prothetik, vorstellen könne, bei ihm als Assistenzarzt. »Das ehrt mich sehr, dass Sie das fragen!« erwiderte ich. »Aber das kommt für mich nicht infrage, dieser Uni-Betrieb mit seinen Intrigen und Abhängigkeiten ist nichts für mich, dafür bin ich zu unangepasst, ich muss mein eigenes Ding machen!« Ich mochte ihn, weil er natürlich und ohne Allüren war. Meine übliche Abneigung gegen Autoritäten und Vaterfiguren stellte sich in seiner Gegenwart nicht ein, deshalb konnte ich mich auch unverkrampft mit ihm unterhalten. Aber die von ihm angebotene Möglichkeit anzunehmen bedeutete jahrelange Tätigkeit als Assistenzart inklusive permanenter Unterordnung, Promotion, Oberarzttätigkeit, Habilitation und dann zuletzt vielleicht eine Professorenstelle. Dafür war ich nicht geschaffen, das war in meinen Augen das Gegenteil von der Freiheit, die ich anstrebte.

Heiko und ich schafften, wie alle anderen, die nötigen Punktzahlen und Scheine und waren für das Staatsexamen zugelassen. Das war die letzte Hürde, und sie verlangte uns noch einmal wirklich alles ab! Alle Fächer des Klinikteiles waren Prüfungsfächer: von allgemeiner Chirurgie über Pharmakologie, Hygiene bis Prothetik waren es insgesamt über zehn Einzel-prüfungen, zu denen wir bei den jeweiligen Professo-ren antanzen mussten. Im Abstand von 8 bis 14 Tagen ging das vom Sommer bis kurz vor Weihnachten 1977! Manche Professoren hatten eigene Lehrbücher her-ausgebracht, mit ihren eigenen Definitionen und Wort-schöpfungen. Die mussten unbedingt vorher genau erlernt und dann reproduziert werden, und wehe, man verwandte »fremde« Definitionen! Bei einigen Prüfern mussten wir im schwarzen Anzug mit Krawatte erschei-nen. Es gab wieder ein paar brenzlige Situationen für mich, wenn ich erneut auf den Typ Professor traf, der uns mit übermäßiger Überheblichkeit und Herablas-sung zu verstehen gab, welch kleine Lichter wir doch waren. Oft dachte ich: *So ein fieser Typ, der müsste eigentlich eine fangen!* Ich schluckte aber alles runter und beherrschte mich.

Ausgerechnet in Prothetik, bei Professor Hetz, gab es dann einen wirklichen Eklat. Wir mussten in die-sem – für Zahnärzte sehr wichtigen – Fach im prak-tischen Teil Kronen, Brücken und Prothesen selbst herstellen, die dann benotet wurden. In den Staats-examina der vergangenen Jahre war es wohl üblich gewesen, dass die dafür vorweg notwendigen Mo-dellationen für Kronen und Brücken in Wachs auch zu Hause durchgeführt wurden. So modellierte ich mit meinem Spirituskocher und meinen Modellierinstru-menten in unserer Küche und nahm die Ergebnisse dann am nächsten Tag mit ins Unilabor, um sie dort einzubetten und in Gold zu gießen. Das war für uns ein normaler Vorgang innerhalb der dafür vorgesehenen Tage des Staatsexamens, im praktischen Teil, und niemand dachte sich etwas dabei. Am besagten Morgen war ich schon mit meinem Köfferchen im Labor der Klinik. Als Heiko später mit einigen anderen Kommilitonen aus dem Fahrstuhl kam, tauchte Professor Hetz vor ihnen auf und rief laut: »Alle Sie hier, die gerade angekommen sind, bitte die Werkstoffkoffer öffnen!« Bei sechs Kommilitonen fand er vormodellierte Objekte vor, wie auch ich sie angefertigt hatte. Er rief ihnen zu: »Bitte lassen Sie die Koffer hier, Sie sind durchgefallen!«

Durchgefallen! In Prothetik! In einem sogenannten Kernfach! Das bedeutete: Das gesamte Staatsexamen gilt als nicht bestanden! Alle Fächer mussten somit ein halbes Jahr später wiederholt werden. Uns, die wir schon zufällig vorher im Labor waren, konnte er damit nicht behelligen, aber es war trotzdem ein Schock für alle, und es entstand totale Konfusion. Als sich dann später alles ein bisschen beruhigt hatte, ging ich zu Hetz ins Büro, er ließ mich auch reden, und ich fragte ihn: »Was haben Sie sich denn dabei gedacht? Es hat doch keiner betrogen, das war doch anscheinend immer schon so üblich!« Er war offensichtlich auch nicht ganz glücklich mit der Situation, und ich bat ihn: »Vielleicht können Sie ja verhindern, dass die Betroffenen alles nachmachen müssen, vielleicht gibt es einen Weg, nur Prothetik zu wiederholen?«

Ob es nur an meiner Idee lag, weiß ich nicht, aber er setzte sich dafür ein und schaffte es, dass diese »Erwischten« nur Prothetik wiederholen mussten, sie konnten das Staatsexamen in den anderen Fächern zu Ende führen und schafften im Mai 1978 schließlich auch die Wiederholungsprüfung. Immer wenn wir eine Teilprüfung absolviert hatten, machten wir richtig einen drauf und hatten uns vorgenommen, zum Schluss ganz fürchterlich zuzuschlagen, aber wie so oft war das dann eher eine laue Feier, jeder war froh, das alles vorbei war! Es war der 14. Dezember 1977, und ich hatte es endlich, endlich geschafft! Ich war Zahnarzt!

Ein paar Tage lang war Erholung angesagt, doch dann – kaum zu glauben – überlegte ich schon wieder, wie es weitergehen sollte! Ich spielte mit dem Gedanken, auch das amerikanische Staatsexamen zu erlangen. Dafür hätte ich an einer speziellen amerikanischen Uni in Frankfurt noch zwei Semester, sozusagen als Anpassung, studieren müssen, natürlich alles auf Englisch, um dann zur Prüfung zugelassen zu werden. Der Grund für diese Überlegung lag in der politisch aufgeheizten Atmosphäre des Kalten Krieges. Ein Atomkrieg schien jederzeit möglich, da sowjetische Mittelstrecken-Raketen an den Grenzen stationiert waren und die Nato ihrerseits mit atomarer Bewaffnung dagegenhielt. Wir alle waren der Ansicht, wenn es wirklich zu einer solchen Auseinandersetzung käme, würde sie sicherlich zuerst in Mitteleuropa stattfinden, bei uns! Dieser Gefahr hätte ich als amerikanischer Zahnarzt mit meiner Familie irgendwo in der Welt vielleicht aus dem Wege gehen können. Außerdem war Angelika im dritten Monat schwanger, wir wurden wieder Eltern und machten uns um die Zukunft unserer Kinder große Sorgen!

Aber ich war so geschafft von allem, war so erledigt

vom Studieren und Lernen, dass ich diese Idee verwarf und auch keine Doktorarbeit mehr plante. Für eine persönliche Aufwertung brauchte ich den Titel nicht, und ich wusste auch, dass eine solche Arbeit sowieso keine zusätzliche Qualifikation darstellte, denn man konnte den Titel auch in Physiologie oder anderen fachfremden Fächern erlangen. Mir schien, dass er nur dann eine wichtige Reputation darstellte, wenn man sich in einer Großstadt niederließ. Auf dem Lande funktioniert die Mundpropaganda auch ohne Doktortitel, man muss nur ein guter, netter Zahnarzt sein und seinen Patienten möglichst keine Schmerzen zufügen! Noch kurz vor Weihnachten rief ich an der Landeszahnärztekammer und der Kassenzahnärztlichen Vereinigung Hessen in Frankfurt an und ließ mir ein paar Zahnärzte nennen, die Assistenten suchten: Man musste noch zwei Jahre in einer Praxis oder Zahnklinik als zahnärztlicher Assistent ableisten, um Erfahrungen zu sammeln, bevor man sich selbstständig als Zahnarzt niederlassen konnte.

Ich stellte mich in Butzbach und Bad Nauheim bei dort jeweils sehr bekannten und renommierten Zahnärzten vor. Von beiden bekam ich Zusagen, ich entschied mich für Bad Nauheim. Aber Anfang Januar 1978 rief mich der dortige Kollege an und sagte: »Es tut mir leid, das wird nichts, ich muss mit Hepatitis ins Krankenhaus und weiß nicht, wann ich wieder behandeln darf!« Das fing ja gut an, dachte ich und rief kurzerhand nochmal den Butzbacher Kollegen an. »Erst wollten Sie mich nicht, und jetzt soll ich den Lückenbüßer abgeben?«, antwortete er mir emotional. »Aber gut, ich brauche jemanden, Sie können am 15. Januar anfangen! Den Vertrag machen wir dann!« und weiter: »Ein Vierteljahr Probezeit ist normal und 2500 DM Gehalt. Okay?« Ich sagte: »Okay, abgemacht!« Das wurde alles am Telefon geregelt, noch dazu in fünf Minuten. Sensationell! Ich hatte eine Assistentenstelle!

Kapitel 23

Am 15. Januar 1978 begann ich in Dr. Heidkamps Praxis in Butzbach als Assistenz-Zahnarzt. Es war noch einmal ein bisschen wie eine Lehre, eine Zeit, in der die praktische Anwendung des studierten Wissens eingeübt werden musste. Das war auch nötig, denn das Zahnmedizinstudium war und ist auch heute noch viel zu akademisch, zu theoretisch, zu wenig praxisbezogen strukturiert. Erst im 7. Semester, im ersten Patienten-Kurs, kamen wir mit Patienten in Berührung. Davor wurde in den Semesterferien an Phantomköpfen »behandelt«, das heißt, es wurde an künstlichen Zähnen, in Kunstmündern, nach vorgegebenen Kriterien bohren geübt. Zähne ziehen oder »kleine« Chirurgie konnte man so gut wie gar nicht üben, ich hatte sieben recht wackelige Zähne in der chirurgischen Abteilung im zehnten Semester gezogen.

Aber egal, jetzt als Assistent musste ich ran, und zwar schon am ersten Tag! Dr. Heidkamp war Deutsch-Amerikaner, er war vor seiner Niederlassung bei der Army als Zahnarzt tätig und davor lange Jahre in den USA. Dort hatte er an einem Krankenhaus in Boston eine Zeit lang die zahnchirurgische Abteilung geleitet. Er sprach fließend Englisch und Französisch, war ein gebildeter Akademiker, und er war vor allem ein hervorragender Chirurg, bei dem ich auf diesem Gebiet viel lernte. Ich konnte am ersten Tag vormittags zuschauen, wie er behandelte, und mich mit den Instrumenten vertraut machen, denn viele davon waren amerikanischer Herkunft und unterschieden sich doch ziemlich von den bisher bekannten deutschen Produkten.

Die assistierenden Damen waren sehr nett zu mir, und als ich nachmittags anfing, Patienten zu behandeln, hatte ich vorher mit ihnen vereinbart, sie sollten mir die beim Behandlungsablauf notwendigen, das heißt zur Anwendung passenden Instrumente einfach in meine Hand drücken. Da ich technisch-manuell nie Probleme hatte, konnte ich mir so am schnellsten die Anwendung der neuen Instrumente aneignen. Die Praxis hatte einen riesigen Patientenstamm, und täglich kamen neue hinzu. Schon nach ein paar Tagen war ich voll eingespannt und behandelte bis zu sechzig Patienten am Tag. Wenn ich freitags nach Hause kam, war ich erst einmal völlig erledigt.

Mit der Zeit merkte ich, dass mein Chef zwar ein guter Zahnarzt war, aber mit seiner Persönlichkeit stimmte etwas nicht. Er hatte ständig das Gefühl, auf der Hut sein zu müssen vor Menschen, die ihn betrügen oder hintergehen würden. Auf meine Frage, warum er in Boston damals aufgehört hätte, rief er wie aus der Pistole geschossen: »Das waren die Juden, die hatten an diesem Krankenhaus das Sagen, die haben mich rausgeekelt, um einen von ihnen in die Position zu bringen!« Mir fiel dabei ein, dass er mir bei meinem Vorstellungsgespräch die Frage »Sind Sie Jude?« gestellt hatte – weil, wie er meinte, mein Name im Jüdischen vorkäme. Ich verneinte, aber er sah mich skeptisch an. Trotzdem hatte er mich eingestellt, das war seltsam. Er litt wirklich unter Verfolgungswahn und hatte auch seltsame Verhaltensweisen, die sich zunehmend im vermeintlichen Konkurrenzkampf mit mir zeigten. Fast täglich verglich er seine Behandlungszahlen und -resultate mit meinen. Einerseits gefiel es ihm, dass ich erfolgreich war, wegen des Geldes, das er durch mich verdiente, andererseits wurde er immer eifersüchtiger, vor allem wenn Patienten lieber zu mir wollten.

Die Praxis hatte drei nebeneinander angeordnete Behandlungszimmer in einem Altbau mit hohen Räumen. Alle Zimmer waren mit Schiebetüren verbunden, sodass man leicht hin und her konnte, um die wechselnden Patienten gut zu erreichen. Heidkamp war starker Raucher, und wenn er zu einem Patienten ins Behandlungszimmer kam, hatte er meistens eine brennende Marlboro in der einen Hand, gab dem Patienten zur Begrüßung die andere und fragte dann weiterrauchend: »Was haben Sie für Probleme, was kann ich für Sie tun?« Danach legte er seine Zigarette auf den Waschbeckenrand neben dem Fenster – dort lagen auch schon ein paar alte Kippen –, wusch sich kurz seine Hände und stürzte sich dann in die Behandlung. Ich wunderte mich zwar, aber für alle anderen schien das völlig normal zu sein. Manchmal schrie er Patienten auch regelrecht an, wenn sie den Mund nicht richtig aufmachten oder zu oft spülen wollten.

Bei bestimmten Behandlungen war er auf die Mitarbeit des Patienten angewiesen, so auch bei sogenannten Bissnahmen. Was sich dabei manchmal abspielte, war schon legendär! Dabei mussten die Patienten möglichst natürlich und korrekt in eine Wachsschablone beißen, um die Kieferrelation zu bestimmen. Das klappte nur, wenn sie ruhig und nicht aufgeregt waren. Oft machte er sie aber durch seine Kommandos so verrückt, dass alles im Chaos endete. Ich war im Nachbarzimmer und guckte neugierig durch einen Spalt der Schiebetüren, was sich abspielte, oft zusammen mit einer der Helferinnen. Wenn gar nichts mehr klappte, fuhr er dauernd den Behandlungsstuhl hoch, runter, vor und zurück und schrie sie an: »Nicht den Unterkiefer vorschieben! Entspannen Sie sich endlich, das ist ja eine Katastrophe hier!« Oft ging es so weit, dass er rief: »Schluss jetzt, das kann ja keiner aushalten! Kommen Sie morgen wieder, das hat ja keinen Zweck jetzt!« Völlig aus dem Häuschen gingen die Leute dann aus der Praxis – und kamen tatsächlich wieder!

Wenn er behandelte, mussten immer zwei Helferinnen assistieren, das Wasser absaugen, Material anreichen, für genügend Licht sorgen usw., und wehe, eine machte mal was nicht richtig! »Sie Dorftrottel aus Cleeberg, haben Sie denn gar nichts kapiert?«, fuhr er die verschüchterte Frau an. Man lernte zwar viel bei ihm, das Arbeitsklima war jedoch furchtbar. Er wusste auch mit seiner Freizeit nichts anzufangen, bestellte dann samstags oft eine Kraft ein, die ihm bei der Behandlung assistierte, oder er behandelte sonntags vormittags Patienten ganz alleine. So klingelte mal bei uns das Telefon an einem Sonntag um elf Uhr. Normalerweise ging ich nicht ran. Diesmal tat ich es, und kaum hatte ich abgenommen, brüllte er: »Sie müssen sofort kommen, ich kriege die Blutung nicht zum Stehen! Blut, Blut, alles voller Blut!«

Er hatte alleine, ohne Assistenz, am Sonntagmorgen eine Wurzelresektion durchgeführt – dabei wird der Kiefer aufgeschnitten und im Knochen die Wurzelspitze weggefräst, weil entzündliches Gewebe Schmerzen entstehen lässt und der Zahn gefährdet ist. Das führt man natürlich nicht alleine durch, zumal er sonst immer zwei Assistentinnen brauchte, aber er hatte das gemacht, weil es »nötig« sei. Während er mir das am Telefon zubrüllte und immer wieder »Blut, Blut!« schrie, lag der Patient mit aufgerissenen Augen direkt neben ihm und hörte alles mit. Ich fuhr dann hin und stillte die Blutung. Das ging ganz prima, da ich ein neues Anästhetikum verwendete, das als gewünschte Nebenwirkung die Blutgefäße zusammenzog, verengte und blutärmeres Behandeln ermöglichte. Es war neu auf dem Markt, aber er hatte es abgelehnt, weil er sein Material gewohnt war und neues nicht wollte.

Manchmal feierte er ganze Nächte durch, in zwielichtigen Lokalen, sah dann am anderen Morgen entsprechend aus, und eine seiner vertrauten Helferinnen, Elke oder Gerlinde, musste ihm vor Behandlungsbeginn erst einmal die Haare über dem Waschbecken waschen und noch föhnen. Nach einer Tasse Boullion, Kaffee und einer Marlboro war er wieder bereit für seine Patienten. Wenn er gut drauf war, konnte er sehr witzig und unterhaltsam sein. Er war im Marineverein Butzbach, hatte eine Kapitänsmütze, die setzte er in der Mittagspause auf, wenn er im Nebengebäude hinter der Praxis aus einem zum Bullauge umgebauten Fenster schaute und vorbeilaufende Leute beobachtete. Wie schon zu erwarten war, sind wir auch einmal aneinandergeraten. Im Laufe einer Auseinandersetzung fühlte er sich von mir hintergangen und verraten, und ich hatte, nachdem es immer mehr eskaliert war, schließlich aus Wut »Sie sind doch ein selten blöder Hund!« zu ihm gesagt. Darauf erwiderte er erstaunlich ruhig: »Ich muss das noch mit meiner Frau besprechen, aber rechnen Sie mal damit, dass ich Sie morgen wegen dieser Beleidigung entlassen muss! Das kann ich mir, glaube ich, nicht bieten lassen!«

Bevor ich am nächsten Tag von zu Hause losfuhr, klingelte das Telefon, und er bestätigte die fristlose Kündigung. Ich machte mir keine großen Sorgen, denn Assistenten waren gefragt, und ich würde sicher schnell wieder was finden. Nach ein paar Tagen rief mich Elke, die vertraute Helferin Heidkamps, an und fragte im Auftrag des Chefs, ob ich wiederkommen könne. Er hatte zwar gleich nach meiner Entlassung einen anderen Zahnarzt eingestellt, aber mit dem komme er gar nicht zurecht, der habe außerdem zwei linke Hände und sei zu nichts zu gebrauchen. Sie arrangierte ein Treffen, und ich fuhr gleich am nächsten Tag hin. Über den Vorfall redeten wir nur kurz, und er meinte, so wie ich könne man sich gegenüber dem Chef nicht verhalten, ich müsse verstehen, dass er so hätte handeln müssen. Ich dachte im ersten Moment, *aha, sieh mal an, das Geld ist ihm wichtiger als die Ehre.* Ich befand mich jetzt in der besseren Situation und sagte: »Sie meinten, ich wäre von allen, die bisher bei Ihnen waren, der mit Abstand beste Assistenzzahnarzt und auch der mit den bisher besten Umsatzzahlen! Ich komme gerne wieder, aber nur zu veränderten Bedingungen!« »Die da wären?«, fragte er lächelnd und sah mich mit seinen durch die starken Brillengläser vergrößerten braunen Kuhaugen durchdringend an. Ich forderte eine saftige Gehaltserhöhung mit Steigerungspotenzial. Das schien ihm überhaupt nicht zu schmecken, aber er akzeptierte, und ich fing am nächsten Tag wieder bei ihm an.

Ich blieb bis zum April 1980 bei ihm, und damit war ich derjenige, der es am längsten bei ihm ausgehalten hat. Am Ende dieser Zeit machte er mir sogar den Vorschlag, Teilhaber seiner Praxis zu werden. Mit einem Betrag, der noch zu klären sei, könne ich mich beteiligen und danach als gleichberechtigter Partner bis zu seiner Pensionierung mit ihm zusammenarbeiten. Aber ich war für eine Gemeinschaftspraxis nicht der Richtige, ich wollte alleine den Stil und die Gestaltung einer Praxis bestimmen, nach meinen Wünschen und Vorstellungen!

*

Im Juni 1978 wurde unser zweiter Sohn Sven Torsten geboren, und wir freuten uns riesig! Aber wie so einiges in unserem Leben war auch dieses Ereignis zeitlich nicht so optimal geplant, denn Angelika war mitten in ihrer Examensarbeit zur L3-Lehrerin und ich noch mitten in der Assistenzzeit. Ich half ihr, wo es möglich war, und sie schaffte auch ihr Examen gut, trotz der Schwangerschaft. Max war schon zwei Jahre in der Grundschule. Er kam ganz gut klar mit den Schulstrukturen und hatte gelernt, sich auch außerhalb der freiheitlichen, antiautoritären Vorschulverhältnisse den

Gegebenheiten anzupassen. Mit den Erfahrungen und Einsichten, die die Erziehung von Max mit sich gebracht hatte, waren wir jetzt fest davon überzeugt, dass es besser sei, Sven Torsten zwar freiheitlich und offen zu erziehen, aber nicht antiautoritär. In bürgerlichen Verhältnissen lebend, war es klüger, keine Außenseiterrolle einzunehmen.

*

1979 fing ich an, Praxisstandorte zu suchen, und entschied mich für die Region, in der wir lebten. Ich zeichnete selber Pläne, wie ich mir eine meinen Vorstellungen entsprechende Praxis vorstellte, und übergab sie einem mir bekannten Architekten. Der setzte meine Wünsche genau um, und Ende des Jahres begann die Bauphase eines Praxisgebäudes mit zusätzlicher Wohnung im Dachgeschoss. Im Juli 1980 eröffnete ich meine Zahnarztpraxis. In der Vergangenheit hatte ich oft die Vorstellung, ja den Traum gehabt, einen Beruf zu erlernen, bei dem ich frei war. Frei in dem Sinne, mein eigener, nur mir verantwortlicher, selbstständiger Mensch zu sein. Das hatte ich nun über viele Umwege und Hindernisse erreicht. Unsere Standeszeitschrift heißt bis heute »Der freie Zahnarzt«. Dass er ganz so frei auch nicht ist, ist eine andere Geschichte. Ich hatte einen langen und schwierigen Weg bestritten, den Weg aus deprimierenden Verhältnissen bis hin zum selbstständigen Akademiker.

Epilog

Kinder wollen immer so sein wie die anderen, wollen normal und komplikationslos aufwachsen, in einer harmonischen, intakten und kompletten Familie. Diese Grundbedingungen waren bei mir durch die Trennung meiner Eltern nicht gegeben. Scheidungskinder gab es damals ganz selten, und sie waren Außenseiter, man spielte nicht mit ihnen. Mein fehlender Vater wurde durch einen fast siebzig Jahre alten Großvater ersetzt, der kein Sadist war, sondern mich verprügelte, wann immer er es für notwendig hielt, um einen anständigen Menschen aus mir zu machen. Dass mein Vater uns verließ, vermittelte mir, ungeliebt und wertlos zu sein, die ständigen Orts- und Schulwechsel brachten keine Beständigkeit in mein Leben, sie verhinderten Freundschaften und soziale Bindungen. Alle diese Faktoren verunsicherten mich zutiefst, und ich begann, mich schon früh in kindlich-naiver Weise zu fragen: Was passiert mit mir und warum?

Bevor sich mir diese beiden Fragen aufdrängten, war ich als Kleinkind, wie jeder andere auch, in meinem Denken und Handeln eingebunden und abhängig von der Welt, die mich umgab. Der Zeitpunkt, ab dem man anfängt, sich selbst zu definieren, vorerst im Bezug zu seiner Umwelt, ist ebenso davon abhängig, was man erlebt, wie von inneren, vorgegebenen Strukturen. Doch bevor man sich selbst und die Situation, in der man lebt, erkennen, überschauen kann, wird man erst einmal zum kritischen Beobachter, und die daraus resultierenden Bewertungen führen zum Prozess der Selbsterkenntnis. Ab einem bestimmten Moment erkannte ich, dass meine Familie im Vergleich zu anderen anders war, dass der Umgang miteinander ein anderer war.

Ich wurde von klein auf im Glauben an Gott erzogen, ging sonntags in den Kindergottesdienst, hatte Religion im Schulunterricht, und wir beteten täglich. Meine Fragen, die sich aus meinem unbefriedigenden Leben ergaben, wurden von Mutter, Großeltern, Lehrer und Pfarrer beantwortet. Es gab keine anderen Personen des Wissens, keine Bücher oder Lexika. Ihre Antworten kamen, entsprechend ihrer religiösen Identität, aus dem Kontext des Glaubens und sollten mich beruhigen, mir zeigen, dass persönliches Glück und Wohlbefinden durch eine höhere Instanz geboten wurde. Es waren aber schon bald keine befriedigenden Antworten mehr für mich. Warum? Weil aus ihnen kein triftiger Grund erkennbar war für meine Misere. Ich wurde verlassen, verprügelt und war ein Außenseiter, dafür musste es doch einen Grund geben. Es war für mich bald nicht mehr einsehbar und akzeptabel, dass ein gütiger Gott seine geheimen Gründe haben könnte für mein Leben, ich es auszuhalten hätte, um dann später vielleicht für Gehorsam und Demut belohnt zu werden.

Als für mich wahrscheinlichsten Grund nahm ich an, dass ich selbst schuld daran war, wie es mir erging: weil ich nicht liebenswert war, nicht brav und folgsam genug. Über mein Verhältnis zu meiner Umwelt und den daraus resultierenden Erkenntnissen hinaus entwickelte sich somit in mir ein Prozess, der mich selbst hinterfragte. Für meine Probleme konnten nicht nur die abweichenden Strukturen und Verhaltensweisen meiner Familie alleine verantwortlich sein. Zu oft wurde von mir verlangt, mich zu ändern, lieb und angepasst zu sein. Als Konsequenz daraus versank ich oft genug in Selbstzweifel, und es gab depressive Momente und Phasen. Und nicht nur das, es entwickelte sich parallel dazu ein Reflex in mir, der alle Menschen, mit denen ich näher zu tun hatte oder die mir begegneten, innerlich überprüfte und kategorisierte, ob sie mir nützlich sein würden oder eher nicht.

Möglicherweise waren die Strukturen dafür schon in meinem Inneren angelegt. Der Wunsch, in einer Welt der Erklärbarkeit und Kausalität zu leben, war schon früh vorhanden. Dieser früh entstandene »naive Realismus« betraf auch meinen Glauben. Der eingeübte christliche Glauben wurde Schritt für Schritt infrage gestellt, er nützte mir offensichtlich nichts, also musste er verdrängt und besser sogar überwunden werden. Über den fehlenden Nutzen hinaus war er noch zusätzlich verunsichernd und stand zielorientiertem, logischem Handeln im Weg. Aber die antrainierten, fest im Gehirn verankerten Rituale, Gefühle, Denkschablonen und Gesetze des Glaubens wirkten im Unterbewusstsein weiter und ließen sich nicht so einfach abschütteln. Nicht zu glauben rief oft genug Angst vor Bestrafung und Schuldgefühle in mir hervor. Die Schuld spielt in der christlich-religiösen Kultur eine starke Rolle und ist prägend, wie schon an den vielen Textstellen und Gebeten erkennbar ist, in denen um das Vergeben von Schuld gebeten wird. Wenn der Herr mein Hirte ist, so bin ich sein Schaf! Und wenn ich kein Schaf sein, wenn ich selbst über mich entscheiden will, so muss ich mich aus der Schutzzone des religiösen Miteinanders schrittweise lösen, um nur mir selbst und meinen Mitmenschen gegenüber verantwortlich zu sein. Die Schwierigkeit dabei ist, sich schon in früher Kindheit eine eigene Meinung bilden zu müssen, sich um einen Überblick zu bemühen und sich selbst erkennen zu können.

Später, im frühen Erwachsenenalter, fing ich an, mich für die Naturwissenschaften zu interessieren. Zwei Kameraden bei der Bundeswehr in Kassel waren Abiturienten, sie halfen mir und lenkten meine Fragen über Gott und die Welt zuerst auf die Astronomie, Physik und Biologie. Erkenntnisse der Naturwissenschaften galten als wahr und sollten mir über die Wissensbildung hinaus die gewünschte Sicherheit vermitteln. In meinem Bewusstsein habe ich die Erfahrungen und Umstände meiner Kindheit immer als persönliche Deformierung, Unterdrückung und Einschränkung in Erinnerung. Sah sie nicht als versteckte Motivationshilfe und nicht als fördernd an. Ich wollte schon in frühester Kindheit anders leben und auch anders sein, ohne Alternativen zu kennen. Diese Erlebnisse beeinflussten meine Selbstachtung und mein Selbstwertgefühl negativ; lange Zeit machte ich unbewusst mein Inneres – mich selbst – verantwortlich für meine Lebensumstände.

Mein Leben begann erst sich positiv zu entwickeln, als ich im Alter von 16 Jahren beschloss, so wie bisher nicht mehr leben zu wollen, und Selbstbestimmung die Führung übernahm. Noch später erkannte ich, dass sich in mir schon früh, wenn auch erst im Erwachsenenalter deutlich erkennbar, Persönlichkeitsstrukturen gebildet hatten, die man folgendermaßen beschreiben kann: Ich war nie zufrieden mit dem, was ich erreicht hatte, und ich war ein verbissener Verfolger gesetzter Ziele. Hatte ich dann das gesetzte Ziel erreicht, war es schon gleich nichts mehr wert, und ich verfolgte ein neues Projekt. Niemals stellten sich Stolz über Geleistetes oder Zufriedenheit ein. Ich hatte schon als Kind Depressionen oder depressive Schübe. Da aber diese Wörter, diese Tatsachen in meiner Welt nicht vorkamen, nicht als solche erkannt oder bemerkt wurden, musste ich sehen, wie ich alleine damit klarkam.

Während des Heranwachsens empfand ich mich als in die Welt geworfen, als ein Spielball der nicht zu beeinflussenden Ereignisse des Lebens. Meine Suche nach Wissen und Wahrheit war davon geprägt, Erklärungen und Tatsachen zu finden, die ein Weltverständnis ermöglichten, das ohne die vermeintlichen Wahrheiten des christlichen Glaubens auskam. Die Wahrheiten nahezu aller Religionen kennen Anfang und Ende von allem, kennen den Verursacher und verdeutlichen den Sinn des Lebens. Im Prinzip sind sie somit die idealen »Wahrheitslieferanten«. Doch sind ihre Erkenntnisse mit hoher Wahrscheinlichkeit von Menschen erdachte und erfundene Geschichten, sie halten den Kriterien der wissenschaftlichen Überprüfung nicht stand.

Letztlich ist die Wahrheit, die man für sich, aus den gegebenen Möglichkeiten findet, eine personalisierte, persönliche Wahrheit (da es keine absolute gibt). Zu welcher »Wahrheit« wir tendieren, ist eine Frage der Vernunft, aber in offenbar viel größerem Maße ist es auch eine Frage der inneren Präferenzen, zuerst bewertet von unseren Emotionen. Meine feste Überzeugung ist: Der Mensch ist zu freiem Willen fähig, er ist aber nicht fähig, auf Dauer gegen seine Präferenzen (seine inneren Vorlieben) gerichtet zu leben. Ich selbst fühle mich mit meiner persönlichen Wahrheit wohl. Ich kann mich damit arrangieren, sterblich zu sein, kann mich bescheiden damit, ein Teil der Natur zu sein, ein Teil, das kommt und wieder vergeht. Das ist, glaube ich, für Lebewesen, die die Fähigkeit des Bewusstseins erlangt haben, nur schwer zu akzeptieren, aber es scheint mir der Preis zu sein für eine berechenbare Welt, in der es Ursache und Wirkung gibt, verlässliche Naturgesetze und keine bösen Geister, Engel, Hexen und den Teufel.

*

Juli 1985

Es war Donnerstagabend, als das Telefon klingelte. Ich nahm den Hörer ab und hörte eine weibliche Stimme sagen: »Hier ist die medizinische Poliklinik, Schwester Ingrid. Wir müssen Ihnen leider mitteilen, dass Ihre Mutter akute gesundheitliche Probleme hatte und nun auf der Intensivstation liegt!« »Was ist denn passiert?«, rief ich entsetzt und: »Kann ich zu ihr?« Schwester Ingrid antwortete: »Sie ist bei der Morgengymnastik plötzlich umgefallen, ein im Nachbarzimmer anwesender Arzt hat sie sofort versorgt, sie wurde operiert und dann auf die Intensivstation verlegt. Hier ist sie am Atemgerät angeschlossen, sie ist nicht bei Bewusstsein aber sie ist jetzt gut versorgt! Am besten, Sie schauen morgen nach ihr, so circa 11.30 Uhr, dann kann Ihnen auch einer der anwesenden Ärzte mehr sagen!« Ich war völlig durcheinander und wollte trotzdem gleich hinfahren und nach ihr sehen. Nachdem ich Angelika, meiner Frau, den Anruf geschildert hatte, meinte sie: »Komm, beruhige dich erst mal, die hat doch gesagt, dass sie jetzt gut versorgt ist und dass keiner der Ärzte, die mehr wissen, jetzt da ist. Wir fahren morgen hin!«

Meine Mutter war wegen eines Oberschenkelhalsbruches, den sie sich bei einem Sturz im Badezimmer zugezogen hatte, in ein Krankenhaus in Bad Nauheim eingeliefert worden. Dr. Gerlach, mein vertrauter Orthopäde in Gießen, hatte mir geraten, meine Mutter dort rauszuholen und nach Gießen zu Professor Wolff zu verlegen. »Der ist kompetent, dort ist sie in guten Händen«, hatte Dr. Gerlach gemeint. Ich hatte dann am Tag ihrer Einlieferung in Professor Wolffs Sprechzimmer deutlich darauf hingewiesen, dass bei meiner Mutter die Gefahr einer Embolie bestehe, da sie schon zweimal Thrombosen im rechten Bein hatte. Auf mein Drängen notierte Wolff auf einem gelben Blatt, das die persönlichen Daten meiner Mutter enthielt, einen Vermerk: »Thrombosepatientin! Quickwerte, Heparin!«

Trotzdem lag sie jetzt anscheinend im Koma, was war da passiert?

Hätte ich sie doch in Bad Nauheim gelassen! Verdammt nochmal! Solche und ähnliche Gedanken schossen mir durch den Kopf, ich sah meine Mutter vor mir in einem Krankenhausbett liegen und konnte nichts tun! Die ganze Nacht über schlief ich kaum, und am Morgen ging ich in meine Praxis und sagte zu Elke, meiner vertrauten Helferin an der Rezeption: »Ab zehn Uhr musst du bitte alles absagen, ich muss in die Klinik, meiner Mutter geht es nicht gut!«

Schweigend und in trübe Gedanken vertieft, fuhr ich mit meiner Frau nach Gießen. In der Klinik wurden wir von einer Schwester der chirurgischen Abteilung in die Intensivstation geführt, nachdem wir Kittel übergestreift und Plastiksocken über die Schuhe gezogen hatten. Ich konnte meine Mutter im ersten Moment gar nicht erkennen. Überall waren Schläuche angebracht, im Mund, in der Nase und an beiden Armen. Sie wurde künstlich beatmet, das Gerät gab ein fauchendes Geräusch von sich, und ihr Brustkorb wurde, diktiert von dessen Rhythmus, gehoben und gesenkt. Sie hatte die Augen weit aufgerissen und starrte ins Nirgendwo, sie blinzelte nicht einmal, ihre Pupillen waren erweitert, und als ich nähertrat, wusste ich nicht, was ich machen sollte. »Mutter, ich bin's, hörst du mich?«, sagte ich mit heiserer, fast flüsternder Stimme.

Ich stand hilflos an ihrer Seite und war apathisch, im Inneren meiner Brust breitete sich Hitze aus und stieg in mir hoch, ich bekam einen hochroten Kopf und hatte Tränen in den Augen. Mein Hals war wie zugeschnürt, und ich hörte meine Frau neben mir sagen: »Mutter, wir sind da, kannst du uns hören?« Einen kurzen Moment später kam ein Arzt, er stellte sich vor: »Ich bin Dr. Henrich, Sie haben sicher einige Fragen, bitte kommen Sie!« Mit diesen Worten führte er uns in ein Vorzimmer, wir blieben stehen, und er schilderte: »Ihre Mutter hatte eine Embolie! Während der Morgengymnastik haben sich zwei große Thromben in ihren Venen gelöst und die beiden Venen, die vom Herz zu den Lungen führen, verstopft. Ein anwesender Arzt hat sie sofort beatmet und versucht zu reanimieren, trotzdem dauerte der Vorgang, bis sie auf dem OP-Tisch lag, länger als 20 Minuten. Dann wurde sie sofort operiert, und jeweils zwei zwölf Zentimeter lange Thromben wurden aus ihren Lungenvenen entfernt. – Sie sind Zahnarzt, nicht wahr?«, fragte er zwischendurch, ich nickte bloß, und er fuhr fort: »Es tut mir sehr leid, aber da beide Lungenvenen völlig verstopft waren, konnte auch die Mund-zu-Mund-Beatmung des anwesenden Arztes keinen Sauerstoff liefern, und das Gehirn Ihrer Mutter war zu lange ohne Sauerstoffversorgung. Erste Tests mittels EEG, die wir durchgeführt haben, zeigen, dass das Gehirn total geschädigt wurde, und wir müssen vom Schlimmsten ausgehen!« Er machte eine Pause und sah mich an. »Hirntot?«, fragte ich. »Wie gewiss können Sie sein?« »Wie ich schon sagte: Wir gehen vom Schlimmsten aus! Alle aufgezeichneten Hirnlinien zeigen keine Aktivität mehr!«

Wir nahmen auf einer kahlen Sitzgruppe Platz, und ich sagte: »Ich will, dass ein Facharzt eines anderen

Krankenhauses diese Tests wiederholt, ich muss ganz sicher sein!« Das Gespräch dauerte noch eine Weile, der Arzt stellte mir noch einige Fragen, wahrscheinlich um mich besser einschätzen zu können. Ich wollte wissen, ob Mutter Schmerzen empfinde, ob sie selbstständig atmen könne, welche Medikamente sie bekomme und wie es jetzt mit ihr weitergehe. Der Arzt beantwortete alle Fragen, wir gingen nochmal an ihr Bett, ich streichelte ihre Hand, dann schlichen wir wie geschlagen davon. Der Arzt versprach, noch am Nachmittag einen Facharzt für ein zusätzliches EEG und andere Tests hinzuzuziehen, dann verabredete er mit mir ein zweites Gespräch.

Nachmittags waren noch Patienten für mich bestellt, ich fing auch um 14 Uhr an zu behandeln, hörte dann aber nach einer Weile auf, weil ich mich nicht konzentrieren konnte. Zu nahe ging mir der Zustand meiner Mutter. Außerdem machte ich mir heftige Vorwürfe, sie aus der Bad Nauheimer Klinik nach Gießen verlegt zu haben, da nützte es auch nichts, sich zu sagen: *Das ist immer so, trifft man eine Entscheidung, kann sie die falsche sein.* Aber gerade hier hatte sich eben die gut gemeinte Entscheidung als fataler Missgriff herausgestellt, ich war schuld daran, dass sie jetzt da so lag, so armselig und verloren! Nicht nur ihre jetzige Situation ging mir durch den Kopf, zunehmend überfielen mich regelrecht Situationen und Stationen unseres gemeinsamen Lebens, wobei meine Mutter im Fokus der Erinnerungen stand. Das war, wenn ich mich sonst erinnerte, meistens anders. Dann dachte ich hauptsächlich an mich und meine Schwierigkeiten, ja ich hatte meine Mutter oft verantwortlich gemacht für meine Probleme. Jetzt, in diesem Moment, überfielen mich heftige Schuldgefühle und Scham angesichts ihrer hoffnungslosen Situation. Ich sah ihr ganzes hartes Leben fast in seiner Gesamtheit klar vor mir, ihren Kampf, ihr Pech und ihr tragisches Bemühen, einen Zipfel Liebe und Schönheit für sich, für uns beide zu finden.

Ich hatte es nicht geschafft, wesentlich dazu beizutragen, dass ihr ein wenig Glück gegönnt war, hatte mich oft zu egoistisch und uninteressiert ihr gegenüber gezeigt. Solche Gedanken, mit Selbstvorwürfen durchwoben, beherrschten mich jetzt. All das zog jetzt wie ein Film an mir vorüber, und zum ersten Mal weinte ich um sie und nicht um mich selbst! Nichts war mehr rückgängig oder wiedergutzumachen! Wie konnte das alles nur passieren? Wie konnte unser Leben nur einen solchen Weg einschlagen? Wie konnten wir werden, was wir sind? Am nächsten Morgen versuchte ich, Dr. Henrich zu erreichen. Nach längerem Telefonieren hatte ich ihn endlich am Apparat, wir verabredeten uns noch am selben Vormittag. Gleich nachdem ich sein Büro betrat, kramte er die Unterlagen der externen Hirnuntersuchung hervor und sagte:

»Frau Dr. Sander vom Kreiskrankenhaus Wetzlar hat die 2. Untersuchung durchgeführt und ist zu gleichen Schlussfolgerungen gekommen wie wir. Sehen Sie hier, die Alpha-, Beta- und sonstigen Hirnstromwellen sind alle gleichförmig linear, ohne nennenswerte Ausschläge, es gibt keinerlei Reflexe, es ist absolut keine Hirntätigkeit mehr vorhanden!« Ich nahm die Blätter, sah mir alles genau an und fragte ihn: »Schließen alle Analysen und Interpretationen der Untersuchungsergebnisse eine Heilung vollständig aus, oder besteht noch Hoffnung? Spürt oder erlebt meine Mutter noch etwas? Was können wir noch tun, um ihr zu helfen?« Der Arzt sah mich an und antwortete traurig: »Ich habe Ihnen schon gesagt, dass es mir leidtut. Aber nach allen Erfahrungen und auch nach allen vorliegenden wissenschaftlichen Erkenntnissen wissen wir mit größter anzunehmender Sicherheit, dass Ihre Mutter weder etwas von ihrem Zustand mitbekommt noch eine Besserung eintreten kann. Nach zeitlich so langer Sauerstoffunterversorgung ist definitiv der Hirntod eingetreten!«

Er sah mich wieder mitleidig an, auch fragend, als wäre nun ich an der Reihe, etwas zu sagen oder eine Entscheidung zu treffen. Er war Arzt, Neurochirurg und wahrscheinlich solche Situationen gewohnt, doch ich war völlig ratlos und betroffen: »Wie ist die Situation ihrer Versorgung im Moment, und wie geht es dann weiter?«, bohrte ich weiter. »Ihre Mutter wird künstlich beatmet, bekommt hochdosiertes Antibiotikum und auch Schmerzmittel. Dieser Zustand wird prinzipiell aufrecht erhalten«, antwortete der Doktor. »Was passiert, wenn die Beatmung abgenommen wird und keine Medikamente mehr verabreicht werden?«, setzte ich nach. »Dann wird Ihre Mutter fast augenblicklich sterben, denn sie wird jetzt nur noch künstlich am Leben erhalten!«

Dr. Henrich vermittelte mir ohne weitere Worte den Eindruck, dass dies für meine Mutter kein lebenswerter Zustand mehr sei. *Ist das ein richtiger Eindruck, den ich hier habe, oder bilde ich mir das ein?* fragte ich mich, und: *Was mache ich nur?* Ich sagte jedoch: »Ich denke, ich weiß, was zu tun ist, wir beide wissen es, aber es ist alles so furchtbar und hoffnungslos, und es überfällt mich so, ich muss noch einmal in Ruhe alles überdenken. Am Montag melde ich mich wieder, ist das möglich?« Ich stand auf und ging auf den Arzt zu, um ihm die Hand zu reichen. Mit den Worten »Sie können sich jederzeit an mich wenden« nahm er meine Hand, drückte sie leicht, als wollte er sagen: *Sie tun schon das Richtige!* Dann verließ ich das Krankenhaus – wieder kam ich mir wie ferngesteuert vor –, ging zu meinem Wagen und fuhr nach Hause.

Ich ging in meine Praxis im Erdgeschoss und setzte mich in meinen Bürosessel, um das Ganze nochmals zu durchdenken und vielleicht auch zu begreifen. Schon vergangene Nacht hatte ich kaum geschlafen und ständig nach Auswegen gesucht. Jetzt hatte ich die Bestätigung der Ärzte, dass meine Mutter, so empfand ich es, verloren war. Sie war verloren für alle Zeiten! Mitleid für sie überfiel mich wieder, Mitleid und gleichzeitig ein Gefühl der Hilflosigkeit. Ich wusste, dass ich diese verdammten Geräte zur künstlichen Lebenserhaltung abschalten lassen musste! Aber konnte ich das? Konnte ich meine Mutter ... töten? Oder war das kein Töten, war das vielleicht doch eher ein Erretten? Wieder, und diesmal mit einer unmenschlichen Wucht, kam ich in die Situation, mich fragen zu müssen: *Was sind hier und jetzt die Fakten? Wie entscheide ich richtig? Kann ich, ja darf ich das überhaupt entscheiden?*

Ich konnte ihr nicht mehr helfen, gesund zu werden, ich konnte auch nicht mehr mit ihr reden, konnte ihr nicht mehr sagen, dass es mir leidtat, wie unsere Leben sich voneinander entfernt hatten. Ihre Beziehungen zu Männern waren immer wieder gescheitert, sie war inzwischen auch von Lutrop geschieden, und auch nachfolgende Beziehungen hatten nie lange Dauer. Bis zum Schluss hatte sie nicht aufgegeben, eine echte Liebesbeziehung zu finden! Ihre Anforderungen an die jeweiligen Männer waren zu hoch: Sie sollten groß und männlich dominant sein, im klassischen Stil eine Frau führen, gleichzeitig verlangte sie Zärtlichkeit und Anpassung an ihre Wünsche und Träume. Dass dominante Männer meist weniger Rücksicht nahmen, war ihr nicht bewusst.

So hatte sie sich über ihre ganze Lebensspanne hinweg oft an mich geklammert, ohne zu erkennen, dass ich schon ab meinem 16. Lebensjahr ein Eigenleben führte und dass ich mit mir und meinem Leben schon genügend Probleme hatte. Kam ich sie nicht regelmäßig besuchen oder kümmerte ich mich nicht ausreichend um ihre Belange, war sie gekränkt und beleidigt, machte mir Vorwürfe und Szenen. Manchmal konnte ich mich nur befreien, indem ich längere Zeit nicht zu ihr fuhr. Dann plagten mich jedoch schnell arge Gewissensbisse und Schuldgefühle. Ich hatte ihr ein Jahr zuvor in unserer Nähe in Bad Nauheim eine kleine, nette Eigentumswohnung gekauft, dort konnte sie Kurkonzerte und Veranstaltungen für Senioren besuchen und hatte ein zwar meist einsames, aber einigermaßen komfortables Leben.

Nun war, ohne dass sie sich lange dort hätte erfreuen können, ihr Unfall passiert, und nun lag sie hier auf der Intensivstation, angeschlossen an lebenserhaltende Maschinen. Wieder war ich in der Verantwortung für sie, und letztlich musste ich eine Entscheidung herbeiführen. Sie war eine gläubige Frau und ging zwar nicht regelmäßig, aber doch öfters sonntags in den Gottesdienst, vielleicht um ein wenig Trost zu erbitten oder die kirchliche Atmosphäre aufzusaugen und zu genießen. Jetzt war für mich klar, dass ich die Entscheidung über die weitere Existenz oder Nichtexistenz meiner Mutter weder dem Krankenhaus und den Ärzten überlassen konnte noch einem für mich nicht vorhandenen Jesus, Heiland, lieben Gott oder Herrgott und auch keinem anderen Gott! Nein, ich war es, der entscheiden musste, ob sie angeschlossen an den Maschinen blieb oder ob sie sterben durfte.

Am Montagmorgen rief ich wieder bei Dr. Henrich an und bat um ein weiteres Treffen. In seinem kleinen Büro saßen wir uns gegenüber, und er sah mich erwartungsvoll, doch zurückhaltend an. Ich sagte zu ihm: »Ich habe mir alles noch einmal reiflich überlegt und möchte Sie bitten, die lebenserhaltenden Maßnahmen, die künstliche Beatmung, die hochdosierten Antibiotika, einzustellen, damit meine Mutter in Frieden sterben kann!« Ich vermied es, Worte wie aktive oder passive Sterbehilfe zu erwähnen, um für den Arzt keine unnötige Schwierigkeit entstehen zu lassen. Er nickte mit dem Kopf und fragte: »Sie wollen Ihre Mutter doch bestimmt noch einmal sehen? Kommen Sie!« Damit gingen wir noch einmal zu ihr, ich trat an ihr Bett und murmelte: »Mach's gut, Mama, ich hab dich lieb!« Dann drehte ich mich um und verließ das Krankenhaus. Dr. Henrich sagte noch: »Ich sag Ihnen Bescheid, wenn sich etwas ereignet.«

Ich war zwar gewohnt, Entscheidungen für mich und auch für andere zu treffen, aber diese Situation verlangte mir alles ab, vor allem war sie begleitet von nicht verschwindenden Selbstvorwürfen und Schuldgefühlen! Am darauffolgenden Tag, gegen elf Uhr, wurde ich in der Praxis ans Telefon gerufen, es war Dr. Henrich, und er sagte zu mir: »Ihre Mutter ist soeben verstorben, mein herzliches Beileid!« Ich verließ die Praxis und legte mich einfach ins Bett, wie ich es als Kind oder Jugendlicher öfters getan hatte, zog mir die Decke über den Kopf und wollte von allem nichts mehr sehen und hören.

Zum Autor

Peter Ferdinand Steinberg, Jahrgang 1948, lebt mit seiner Familie in Hessen. Der studierte Zahnmediziner war über 30 Jahre lang erfolgreich in eigener Praxis tätig.

Schon als junger Mann und bis heute ist er über seinen Beruf hinaus interessiert an rationalem Verstehen der Welt, ausgehend von den klassischen Fragen Kants, vor allem der Frage: Was kann ich wissen?

Er befasst sich mit Philosophie, Physik und Astronomie, sowie vor allem mit Anthropologie und Hirnforschung.

Diese autobiographische Geschichte ist seine Erstveröffentlichung und beschäftigt sich im Kern mit den wichtigen Themen des Lebens wie Wahrheit, Selbsterkenntnis, Selbstbestimmung und freiem Willen.